변호사시험, 공무원시험대비

2024년 상반기
헌법재판소 판례
+ 3년 판례요약

황남기 지음

황남기

약력

현 | 변호사시험 합격캠프 강의

전 | 동국대 법대 겸임교수
　　윌비스 헌법/행정법 대표교수
　　제27회 외무 고등고시 수석합격
　　2012년 공무원 승진시험 출제위원
　　연세대, 성균관대, 한양대, 이화여대, 중앙대, 전남대,
　　전북대 사법시험 특강

저서

변호사시험 대비 헌법 사례형, 헌법 캡슐, 헌법 표준판례 객관식,
변호사시험 대비 행정법 기출 사례

근간 : 변호사시험 대비 행정법, 변호사시험 대비 최신 3년 공법
　　　판례 사례

머리말

2021-2023년 판례는 아주 핵심적인 내용만 요약해서 객관식 문제에 대응할 수 있게 하였다. 2024년 상반기 판례 중 중요 판례는 자세히 소개하려 했다. 중요판례는 문장이 아주 복잡하다. 문장을 압축해서 실전에 사용할 수 있도록 도움을 주고자 하였다.

객관식은 문제로 공부하는 것이 좋을 것이다. 실강의에서 배부해주는 2024년 최신 판례 객관식 문제를 참고하면 실전에서 바로 답을 할 수 있을 것이다. 판례 문제는 문제 유출 때문에 제공하지 않으니 양해 바란다.

판례를 사례형으로 전환해서 공부하는 연습을 해야 한다. 특히 행정법 판례와 헌법 판례를 연결해서 사고해야 한다.

변호사 기출 사례문제는 하나의 주제를 둘러싼 헌법과 행정법 판례를 출제하는 경향이 강하다. 2024년 변호사 기출을 보더라도 제1문은 법령개정에 따른 공무원 연금 지급거부관련 대법원판례(2002두3522)와 공무원연금법 헌법재판소 판례 (2019헌바162)를 연결해서 출제했다. 제2문은 개발행위허가 관련 대법원판례(대판 2019두60776)와 국토계획법 헌법재판소 판례 (2013헌바271)를 연결해서 출제하였다.

최신 판례를 기준으로 보면 이런 유형의 판례가 계속 나오고 있다. 너무 많으나 생각나오는 것만 대충 몇 가지 예를 들자면 다음과 같다.

1. 대북전단 사건은 법인허가취소(대법원 판례)와 대북 전단 등 살포를 금지·처벌하는 남북관계발전에 관한 법률(헌법재판소 판례)이 있다.
2. 육아휴직급여신청 사건은 육아휴직급여 신청거부 (대법원 판례)와 고용보험법 제70조 제2항 사건(헌법재판소 판례)
3. 텔레비전 수신료 사건은 한전의 징수권한여부, 국가에 대한 수신료 부과시 행정절차법 적용(대법원 판례), 통합징수 금지 시행령(헌법재판소 판례)

4. 법외노조통보의 근거인 시행령과 법외노조통보 (대법원 판례), 해고된 교원을 제외하는 교원노조법(헌법재판소 판례)
5. 도로외의 곳에서 음주운전 면허취소사건 (대법원 판례), 도로외의 곳에서 음주운전 금지하는 도로교통법(헌법재판소 판례)

    이런 판례들을 연결해서 생각해보고 문제를 만들어서 답안을 써보는 훈련을 해야 한다.
    헌법과 행정법 최신판례를 연결하는 사례 문제를 만들어 합격캠프 강의에서 사용하고 있다. 중요 판례에 대한 이해도를 높여주고 실전에서 바로 답안을 작성할 수 있도록 연습시키고 있다. 중요 판례에 대한 깊은 이해와 문제로 만들어서 사고하고 연습하는 훈련을 하기 바란다.

2024. 7. 31
황남기

3개념 핵심 판례(2021년 ~ 2023년)

01	헌법전문	3
02	국적법	3
03	법치주의	4
04	지방자치제도	5
05	기본권 총론	6
06	인간의 존엄과 가치, 행복추구권	7
	혼인과 가족제도	10
07	평등권	10
08	신체의 자유	15
	죄형법정주의	15
	과잉형벌금지	16
	명확성원칙	17
	영장주의	18
	변호인의 조력을 받을 권리	19
09	사생활의 자유와 개인정보자기결정권	20

10	거주·이전의 자유	21
11	통신의 자유	22
12	양심의 자유	23
13	종교의 자유	23
14	학문·예술의 자유	24
15	표현의 자유	24
	보호영역과 제한	24
16	재산권	29
	보호영역	29
	헌법 제23조 제3항	30
17	직업의 자유	33
18	정당제도	38
19	선거제도	39

20	공무담임권	42
	보호영역	42

21	청구권	44

22	인간다운 생활을 할 권리	48

23	교육을 받을 권리	49

24	근로의 권리와 근로3권	49

25	보건권	50

26	탄핵심판	51

27	포괄위임금지원칙	51

28	수사처	52

29	가처분	54

30	위헌법률심판	54

31	헌법소원 대상	55

32	직접성	57

33	자기관련성	58

34	권리보호이익	59

35	보충성	60

36	권한쟁의 심판	61

헌법재판소 판례(2023년 12월 ~ 2024년 6월)

01 법치주의

CASE	제목	판례번호	페이지
01	수신료 통합징수금지	2024.5.30. 2023헌마820	67

02 국제법존중원칙

CASE	제목	판례번호	페이지
01	국제인권규범	2024.1.25. 2021헌마703	70

03 지방자치제도

CASE	제목	판례번호	페이지
01	매립지 귀속결정	2024.3.28. 2021헌바57	71

04 행복추구권

CASE	제목	판례번호	페이지
01	임신 32주 이전에 태아의 성별 고지를 금지하는 의료법 제20조 제2항	2024.2.28. 2022헌마356	73
02	단기법무장교의 의무복무기간 기산점	2024.3.28. 2020헌마1401	75
03	금연구역으로 지정된 연면적 1천 제곱미터 이상의 사무용건축물, 공장 및 복합용도의 건축물에서 금연의무를 부과하고 있는 국민건강증진법 제9조 제8항 중 제4항 제16호에 관한 부분이 흡연자의 일반적 행동자유권을 침해하여 헌법에 위반되는지 여부(소극)	2024.4.25. 2022헌바163	77
04	13세 이상 16세 미만의 사람에 대하여 간음 또는 추행을 한 19세 이상의 자를 강간죄, 유사강간죄, 강제추행죄의 예에 따라 처벌하도록 한 형법 제305조 제2항	2024.6.27. 2022헌가40	77
05	세월호 사건 신속한 구호조치 등 부작위 각하결정	2024.5.30. 2014헌마1189	78

05 평등권

CASE	제목	판례번호	페이지
01	헌법불합치결정에 따라 실질적인 혼인관계가 존재하지 아니한 기간을 제외하고 분할연금을 산정하도록 개정된 국민연금법 조항을 개정법 시행 후 최초로 분할연금 지급사유가 발생한 경우부터 적용하도록 하는 국민연금법 부칙 제2조가 평등원칙에 위반되는지 여부(적극)	2024.5.30. 2019헌가29	79
02	외국인만으로 구성된 가구 중 영주권자 및 결혼이민자만을 긴급재난지원금 지급대상에 포함시키고 난민인정자를 제외한 관계부처합동 '긴급재난지원금 가구구성 및 이의신청 처리기준'이 난민인정자인 청구인의 평등권을 침해하는지 여부(적극)	2024.3.28. 2020헌마1079	80
03	지방자치단체장을 공무원연금법상 퇴직급여 및 퇴직수당의 지급 대상에서 제외하고 있는 구 공무원연금법이 인간다운 생활을 할 권리를 침해하거나 평등원칙에 반하는지 여부(소극)	2024.4.25. 2020헌바322	80
04	장애보상금 지급대상을 군인으로 한정함으로써 군복무 중 질병 또는 부상으로 퇴직한 이후에 장애상태가 확정된 군인을 장애보상금 지급대상에서 제외하고 있는 구 군인연금법 제31조 제1항 중 군인에 대한 장애보상금에 관한 부분이 평등원칙에 위배되는지 여부(소극)	2024.2.28. 2020헌바320	81
05	현역병에 대한 국민건강보험공단의 요양비 지급문제	2024.3.28. 2021헌바97	81
06	치과의사에게 요양병원을 개설할 자격을 부여하지 않는 구 의료법 제33조 제2항	2024.3.28. 2020헌마387	82
07	이행강제금 횟수제한에 있어서 '연면적이 85제곱미터 이하인 주거용 건축물'에 대하여 총 부과 횟수가 5회를 넘지 아니하는 범위에서 해당 지방자치단체의 조례로 부과 횟수를 따로 정할 수 있도록 한 건축법	2024.1.25. 2020헌바558	82
08	'국가, 지방자치단체, 공공기관의 운영에 관한 법률에 따른 공공기관'이 시행하는 개발사업과 달리, 학교법인이 시행하는 개발사업은 그 일체를 개발부담금의 제외 또는 경감 대상으로 규정하지 않은 '개발이익 환수에 관한 법률'이 평등원칙에 위반되는지 여부(소극)	2024.5.30. 2020헌바179	83
09	전기판매사업자에게 약관의 명시·교부의무를 면제한 '약관의 규제에 관한 법률' 제3조 제2항 단서 제2호 중 '전기사업'에 관한 부분이 평등원칙에 위반되는지 여부(소극)	2024.4.25. 2022헌바65	83
10	국립대학교 법학전문대학원 불합격취소	2024.4.4. 2022두56661	83
11	직계혈족, 배우자, 동거친족, 동거가족 또는 그 배우자 이외의 친족 간에 권리행사방해죄를 범한 때는 고소가 있어야 공소를 제기할 수 있도록 한 형법 제328조 제2항	2024.06.27. 2023헌바449	84

06 신체의 자유

CASE	제목	판례번호	페이지
01	회계관계직원이 국고에 손실을 입힐 것을 알면서 그 직무에 관하여 형법 제355조 제1항(횡령, 배임)의 죄를 범한 경우 가중처벌을 하도록 한 특정범죄가중법 조항	2024.4.25. 2021헌바21	84
02	누구든지 선박의 감항성의 결함을 발견한 때에는 해양수산부령이 정하는 바에 따라 그 내용을 해양수산부장관에게 신고하여야 한다고 규정한 구 선박안전법 제74조 제1항 중 '선박의 감항성의 결함'에 관한 부분이 죄형법정주의의 명확성원칙에 위배되는지 여부(소극)	2024.5.30. 2020헌바234	85

07 사생활의 비밀과 자유

CASE	제목	판례번호	페이지
01	피청구인 경북북부제2교도소장이 2020.10.7. 및 2020.11.4. 청구인의 정신과진료 현장에 각각 간호직교도관을 입회시킨 행위 및 피청구인 홍성교도소장이 2020.12.8. 및 2021.1.5. 청구인의 정신과 화상진료 현장에 각각 간호직교도관을 입회시킨 행위가 청구인의 법률유보원칙 또는 과잉금지원칙에 반하여 사생활의 비밀과 자유를 침해하는지 여부(소극)	2024.1.25. 2020헌마1725	85
02	대체복무요원 생활관 내부의 공용공간에 CCTV를 설치하여 촬영하는 행위가 대체복무요원 생활관에서 합숙하는 청구인들의 사생활의 비밀과 자유를 침해하는지 여부(소극)	2024.5.30. 2022헌마707	86
03	공직자윤리법	2024.2.28. 2021헌마845	86

08 개인정보자기결정권

CASE	제목	판례번호	페이지
01	가족관계등록부의 재작성 신청을 혼인무효사유가 한쪽 당사자나 제3자의 범죄행위로 인한 경우로 한정한 '가족관계등록부의 재작성에 관한 사무처리지침'이 청구인의 개인정보자기결정권을 침해하는지 여부(소극)	2024.1.25. 2020헌마65	87
02	감염병 전파 차단을 위한 개인정보 수집의 수권조항인 구 감염병예방법 제76조의2 제1항 제1호가 청구인의 개인정보자기결정권을 침해하는지 여부(소극)	2024.4.25. 2020헌마1028	88

09 양심의 자유

CASE	제목	판례번호	페이지
01	대체복무 기관, 기간, 합숙	2024.5.30. 2021헌마117	90
02	감염병을 예방하기 위하여 종교집회를 제한하거나 금지하는 조치를 규정한 감염병의 예방 및 관리에 관한 법률 제49조 제1항 제2호	2024.6.27. 2021헌바178	92

10 표현의 자유

CASE	제목	판례번호	페이지
01	집회소음 기준	2024.3.28. 2020헌바586	94
02	조합장선거에서 후보자가 아닌 사람의 선거운동을 금지하고, 이를 위반하면 처벌하는 '공공단체등 위탁선거에 관한 법률'	2024.2.28. 2021헌가16	95
03	18세 미만의 미성년자는 선거운동을 할 수 없도록 정한 공직선거법 제60조 제1항 본문 제2호가 선거운동의 자유를 침해하는지 여부(소극)	2024.5.30. 2020헌마1743	95
04	성범죄자의 공개정보를 확인한 자는 공개정보를 활용하여 정보통신망을 이용한 공개 행위를 하여서는 아니 된다고 규정한 '아동·청소년의 성보호에 관한 법률'이 표현의 자유를 침해하는지 여부(소극)	2024.2.28. 2020헌마801	95
05	경찰관서에서 수집한 개인영상정보의 보유기간을 30일로 정한 '경찰청 영상정보처리기기 운영규칙' 제10조 제1항 본문	2024.2.28. 2021헌마40	96

11 재산권

CASE	제목	판례번호	페이지
01	유류분 사건	2024.4.25. 2020헌가4	97
02	살처분된 가축의 소유자가 축산계열화사업자인 경우에는 계약사육농가의 수급권 보호를 위하여 보상금을 계약사육농가에 지급한다고 규정한 '가축전염병 예방법' 제48조 제1항 제3호 단서가 축산계열화사업자의 재산권을 침해하는지 여부(적극)	2024.5.30. 2021헌가3	102
03	기초생활수급자 또는 임대차보호법상 소액임차인의 청구권을 면책제외채권에 포함시키지 아니한 '채무자 회생 및 파산에 관한 법률' 제625조 제2항이 청구인의 재산권을 침해하는지 여부(소극)	2024.1.25. 2020헌마727	102
04	인가를 받은 리모델링주택조합이 리모델링 결의에 찬성하지 아니하는 자의 주택 및 토지에 대하여 매도청구를 할 수 있도록 하는 구 주택법 제22조 제2항이 과잉금지원칙에 위배되어 재산권을 침해하는지 여부(소극)	2024.5.30. 2020헌바472	103
05	주택임대 갱신 사건	2024.2.28. 2020헌마1343	103

12 직업의 자유

CASE	제목	판례번호	페이지
01	법정 중개보수	2024.1.25. 2021헌마1446	104
02	시내버스운송사업자가 사업계획 가운데 운행대수 또는 운행횟수를 증감하려는 때에는 국토교통부장관 또는 시·도지사의 인가를 받거나 신고하도록 하고 이를 위반한 경우 처벌하는 '여객자동차 운수사업법'	2024.1.25. 2020헌마1144	105
03	생활폐기물 수집·운반 대행계약과 관련하여 뇌물공여, 사기 등 범죄를 범하여 일정한 형을 선고받은 자를 3년간 대행계약 대상에서 제외하도록 규정한 폐기물관리법	2023.12.21. 2020헌바189	106
04	정비구역에서 지역주택조합의 조합원 모집을 금지하고 이를 위반한 자는 1년 이하의 징역 또는 1천만원 이하의 벌금에 처하도록 하는 '도시 및 주거환경정비법'	2024.1.25. 2020헌바370	106
05	시장·군수·구청장이 지방자치단체의 조례로 정하는 바에 따라 일정한 구역을 지정·고시하여 가축의 사육을 제한할 수 있도록 한 '가축분뇨의 관리 및 이용에 관한 법률' 제8조 제1항	2023.12.21. 2020헌바374	107
06	'복합유통게임제공업'을 교육환경보호구역에서 금지되는 행위 및 시설로 규정한 '교육환경 보호에 관한 법률'	2024.1.25. 2021헌바231	107

07	하도급거래 공정화에 관한 법률 제2조 제2항의 원사업자에 외국사업자가 포함되지 않아 하도급법의 적용대상에 해당하지 아니한다는 이유로 피청구인(공정거래위원회)이 한 심사절차종료결정	2024.1.25. 2022헌마430	108
08	대학·산업대학의 간호학과나 전문대학의 간호과 재학 중 일정한 교직학점을 취득한 경우에만 보건교사가 될 수 있도록 한 초·중등교육법 제21조 제2항 별표 2 중 '보건교사(2급)'에 관한 부분이 과잉금지원칙에 위반되어 직업선택의 자유를 침해하는지 여부(소극)	2024.3.28. 2020헌마915	108
09	국민권익위원회 심사보호국 소속 5급 이하 7급 이상의 일반직공무원으로 하여금 퇴직일부터 3년간 취업심사대상기관에 취업할 수 없도록 한 공직자윤리법	2024.3.28. 2020헌마1527	109
10	누구든지 국토교통부장관, 사업시행자등, 항행안전시설설치자등 또는 이착륙장을 설치·관리하는 자(국토교통부장관 등)의 승인 없이 해당 시설에서 영업행위를 하여서는 아니 된다고 규정하고 있는 공항시설법 제56조 제6항 제1호와 그 위반행위를 제지하거나 퇴거를 명할 수 있도록 한 구 공항시설법 제56조 제7항이 과잉금지원칙에 위배되어 직업수행의 자유를 침해하는지 여부(소극)	2024.4.25. 2021헌바112	109
11	음주측정거부 전력이 있는 자가 음주운전을 한 경우 운전면허를 필요적으로 취소하도록 규정한 도로교통법 제93조 제1항이 과잉금지원칙에 위배되어 직업의 자유 및 일반적 행동자유권을 침해하는지 여부(소극)	2024.5.30. 2022헌바256	110
12	고체 형태의 세안용 비누를 수입·판매하려는 청구인에게 화장품책임판매업 등록을 하도록 하면서, 책임판매관리자를 의무적으로 두도록 요구하는 화장품법 제3조 제3항 중 '고형세안비누를 취급하는 화장품책임판매업자'에 관한 부분이 청구인의 직업선택의 자유를 침해하는지 여부(소극)	2024.5.30. 2021헌마291	111
13	보존과학업 등록 요건으로 보존과학기술자 1명 이상의 기술능력을 갖추도록 하는 '문화재수리 등에 관한 법률 시행령' 조항이 과잉금지원칙에 위반되어 보존과학업을 영위하고자 하는 청구인들의 직업선택의 자유를 침해하는지 여부(소극)	2024.5.30. 2022헌마194	111
14	공인중개사법을 위반하여 300만원 이상의 벌금형을 받고 3년이 지나지 아니한 자가 임원으로 있는 중개법인의 등록을 필요적으로 취소하도록 규정한 공인중개사법 제38조 제1항 제3호 가운데 제10조 제1항 제12호 중 '제11호에 해당하는 임원이 있는 법인'에 관한 부분이 과잉금지원칙에 위반되어 중개법인의 직업의 자유를 침해하는지 여부(소극)	2024.2.28. 2022헌바109	111
15	주 52시간 상한을 규정한 근로기준법	2024.2.28. 2019헌마500	112

13 정당제도

CASE	제목	판례번호	페이지
01	대체복무요원의 정당가입을 금지하는 구 대체역법 제24조 제2항 본문 제2호 중 '정당에 가입하는 행위'에 관한 부분이 청구인의 정당가입의 자유를 침해하는지 여부(소극)	2024.5.30. 2022헌마1146	113

14 참정권과 선거제도

CASE	제목	판례번호	페이지
01	지방공사 상근직원의 선거운동을 금지하고, 이를 위반한 자를 처벌하는 구 공직선거법이 지방공사 상근직원의 선거운동의 자유를 침해하는지 여부(적극)	2024.1.25. 2021헌가14	113
02	누구든지 종교적인 기관·단체 등의 조직 내에서의 직무상 행위를 이용하여 그 구성원에 대하여 선거운동을 하거나 하게 할 수 없도록 한 공직선거법 제85조 제3항이 과잉금지원칙에 위배되어 정치적 표현의 자유를 침해하는지 여부(소극)	2024.1.25. 2021헌바233	115
03	공직선거법상 허위사실공표죄 및 후보자비방죄에 관한 사건	2024.6.27. 2023헌바78	115

15 재판청구권

CASE	제목	판례번호	페이지
01	면책허가결정을 공고한 경우 송달을 하지 아니할 수 있고, 즉시항고기간은 공고가 있는 날로부터 14일로 정하고 있는 '채무자 회생 및 파산에 관한 법률' 제564조 제3항 및 제13조 제2항 중 '제564조 제3항의 공고가 있은 날'에 관한 부분이 청구인의 재판청구권을 침해하는지 여부(소극)	2024.1.25. 2021헌바17	117
02	상속회복청구권은 상속권의 침해를 안 날 3년 침해행위가 있은 날부터 10년을 경과하면 소멸된다고 규정한 민법 제999조	2024.6.27. 2021헌마1588	117
03	직계혈족, 배우자, 동거친족, 동거가족 또는 그 배우자 간의 제323조(권리행사방해의 죄)는 그 형을 면제하도록 한 형법 제328조(친족상도례)	2024.6.27. 2020헌마468등	118

16 형사보상청구권

CASE	제목	판례번호	페이지
01	외국인이 출입국관리법에 의하여 보호처분을 받아 수용되었다가 이후 난민인정을 받은 경우 및 법률상 근거 없이 송환대기실에 수용되었던 경우에 대하여, 헌법에서 명시적으로 보상을 해주어야 할 입법의무를 부여하고 있다거나 헌법해석상 국가의 입법의무가 발생하였다고 볼 수 있는지 여부(소극)	2024.1.25. 2021헌마703	119

17 사회적 기본권

CASE	제목	판례번호	페이지
01	재요양을 받는 경우에 재요양 당시의 임금을 기준으로 휴업급여를 산정하도록 한 구 산업재해보상보험법 제56조 제1항과 재요양 당시 임금이 없으면 최저임금액을 기준으로 휴업급여를 지급하도록 한 산업재해보상보험법 제56조 제2항이 인간다운 생활을 할 권리를 침해하는지 여부(소극)	2024.4.25. 2021헌바316	120
02	현직 공무원을 위한 법학전문대학원 야간 수업 및 휴직기간 연장	2024.2.28. 2020헌마1377	121

18 근로 3권

CASE	제목	판례번호	페이지
01	노동조합 및 노동관계조정법 제29조 제2항 등 위헌확인 등	2024.6.27. 2020헌마237, 2021헌마1334, 2022헌바237(병합)	122

19 환경권

CASE	제목	판례번호	페이지
01	외교부 북미국장이 2017.4.20. 주한미군사령부 부사령관과 사이에 주한미군에 성주 스카이힐 골프장 부지 중 328,779㎡의 사용을 공여하는 내용으로 체결한 협정에 대한 심판청구에 기본권침해가능성이 인정되는지 여부(소극)	2024.3.28. 2017헌마371	124
02	학교시설에서의 유해중금속 등 유해물질의 예방 및 관리 기준을 규정한 학교보건법 시행규칙 제3조 제1항 제1호의2 [별표 2의2] 제1호, 제2호에 마사토 운동장에 대한 규정을 두지 아니한 것이 청구인의 환경권을 침해하는지 여부(소극)	2024.4.25. 2020헌마107	125

통치구조

20 포괄위임금지원칙

CASE	제목	판례번호	페이지
01	구 종합부동산세법 제7조 제1항 등 위헌소원 등	2024.5.30. 2022헌바189·241·326, 2023헌바45(병합)	126
02	자유무역협정의 이행으로 농어업인 등이 폐업하는 경우에 지급되는 폐업지원금의 지급기준을 대통령령에 위임하고 있는 '자유무역협정 체결에 따른 농어업인 등의 지원에 관한 특별법' 제9조 제2항 중 '폐업지원금의 지급기준'에 관한 부분이 포괄위임금지원칙에 위배되는지 여부(소극)		128

21 탄핵심판 128

CASE	제목	판례번호	페이지
01	탄핵소추안 철회 및 재발의 권한쟁의 사건	헌재 2024.3.28. 2023헌라9	128
02	검사(안동완) 탄핵	2024.5.30. 2023헌나2	131

22 위헌법률심판 132

23 헌법소원 134

24 권한쟁의 심판 138

변호사 시험, 공무원 시험 대비 2024년 상반기 헌법재판소 판례 + 3년 판례 요약

3개년 판례 요약
(2021년~2023년)

01. 헌법전문

1. 한국인 BC급 전범들의 대일청구권이 '대한민국과 일본국 간의 재산 및 청구권에 관한 문제의 해결과 경제협력에 관한 협정' 제2조 제1항에 의하여 소멸하였는지 여부에 관한 한·일 양국 간 해석상 분쟁을 이 사건 협정 제3조가 정한 절차에 의하여 해결할 피청구인의 작위의무가 인정되지 않는다(2021.8.31. 2014헌마888). * 위안부, 원폭피해자의 경우 외교협상의무 인정

2. 행정안전부장관, 법무부장관이 진실규명사건의 피해자 및 그 가족인 청구인들의 피해를 회복하기 위해 국가배상법에 의한 배상이나 형사보상법에 의한 보상과는 별개로 금전적 배상·보상이나 위로금을 지급하여야 할 헌법에서 유래하는 작위의무가 도출된다고 볼 수 없다(2021.9.30. 2016헌마1034).

3. 행정안전부장관이나 경찰청장은 진실규명사건 피해자의 명예를 회복하고 피해자와 가해자 간의 화해를 적극 권유하여야 할 작위의무를 부담된다(2021.9.30. 2016헌마1034).

02. 국적법

1. '직계존속이 외국에서 영주할 목적 없이 체류한 상태에서 출생한 자'에 대해서는 병역의무를 해소한 경우에만 대한민국 국적이탈을 신고할 수 있도록 한 국적법은 출생한 사람의 국적이탈의 자유를 제한한다. 다만, 거주·이전의 자유를 규정한 헌법 제14조는 국적이탈의 자유의 근거조항이고 심판대상조항은 출입국 등 거주·이전 그 자체에 어떠한 제한을 가한다고 보기 어려운바, 출입국에 관련하여 거주·이전의 자유가 침해된다는 청구인의 주장에 대해서는 판단하지 아니한다(2023.2.23. 2019헌바462).

2. 직계존속이 외국에서 영주할 목적 없이 체류한 상태에서 출생한 자는 병역의무를 해소한 경우에만 국적이탈을 신고할 수 있도록 하는 구 국적법 제12조 제3항은 명확성원칙에 위배되지 아니한다(2023.2.23. 2019헌바462).

3. 직계존속이 외국에서 영주할 목적 없이 체류한 상태에서 출생한 자는 병역의무를 해소한 경우에만 국적이탈을 신고할 수 있도록 하는 구 국적법은 국적이탈의 자유를 침해하지 아니한다(2023.2.23. 2020헌바603).

03. 법치주의

1. 한국전력공사가 전기사용자에게 전기요금을 부과하는 것이 국민의 재산권에 제한을 가하는 행정작용에 해당한다고 볼 수 없고 전기요금의 결정에 관한 내용을 반드시 입법자가 스스로 규율해야 하는 부분이라고 보기 어려우므로 전기판매사업자로 하여금 전기요금에 관한 약관을 작성하여 산업통상자원부장관의 인가를 받도록 한 전기사업법 제16조 제1항은 **의회유보원칙에 위반되지 아니한다** (2021.4.29. 2017헌가25).

2. 포괄위임금지는 법규적 효력을 가지는 행정입법의 제정을 그 주된 대상으로 하고, 이는 자의적인 제정으로 국민들의 자유와 권리를 침해할 수 있는 가능성을 방지하고자 엄격한 헌법적 기속을 받게 하는 것이다. 법률이 행정부에 속하지 않는 기관의 정관으로 특정 사항을 정할 수 있다고 위임하는 경우에는 자치입법에 해당되는 영역으로 보아 자치적으로 정하도록 하는 것이 바람직하다. 거래소에서 상장규정을 제정할 때 '증권의 상장폐지기준 및 상장폐지에 관한 내용을 포함'하도록 한 '자본시장과 금융투자업에 관한 법률' 제390조 제2항 제2호에는 **포괄위임금지원칙이 원칙적으로 적용되지 않는다**(2021.5.27. 2019헌바332).

3. **상장폐지의 구체적인 내용·절차** 등은 탄력적으로 시장의 상황을 반영해야 하는 세부적·기술적 사항으로, 반드시 의회가 정하여야 할 사항이라고 볼 수 없다. 거래소에서 상장규정을 제정할 때 '증권의 상장폐지기준 및 상장폐지에 관한 내용을 포함'하도록 한 '자본시장과 금융투자업에 관한 법률' 제390조 제2항 제2호는 법률유보원칙에 위반되지 아니한다(2021.5.27. 2019헌바332).

4. 서울특별시장의 정비구역 직권해제 대상에서 상업지역의 도시정비형 재개발사업을 제외한 '서울특별시 도시 및 주거환경정비 조례' 부칙 제23조 제2항은 법률유보원칙에 반하여 청구인들의 재산권을 침해하지 아니한다(2023.3.23. 2019헌마758).

5. 금융위원회위원장이 2019.12.16. 시중 은행을 상대로 투기지역·투기과열지구 내 초고가 아파트(시가 15억원 초과)에 대한 **주택구입용 주택담보대출을 2019.12.17.부터 금지한 조치**는 은행법에 근거를 두고 있으므로 법률유보원칙에 반하여 청구인의 재산권 및 계약의 자유를 침해하지 아니한다(2023.3.23. 2019헌마1399).

6. 보고의무조항은 '비급여 진료비용의 항목, 기준, 금액, 진료내역'을 보고하도록 함으로써 보고의무에 관한 기본적이고 본질적인 사항을 법률에서 직접 정하고 있으므로, '의료기관의 장으로 하여금 보건복지부장관에게 비급여 진료비용에 관한 사항을 보고하도록 한 의료법 제45조의2 제1항 중 '비급여 진료비용'에 관한 부분은 법률유보원칙에 반하여 청구인들의 기본권을 침해하지 아니한다(2023.2.23. 2021헌마93).

7. 헌법재판소가 성인대상 성범죄자에 대하여 10년 동안 일률적으로 의료기관에의 취업제한 등을 하는 규정에 대하여 위헌결정을 한 뒤, 개정법 시행일 전까지 성인대상 성범죄로 형을 선고받아 그 형이 확정된 사람에 대해서 형의 종류 또는 형량에 따라 기간에 차등을 두어 의료기관에의 취업 등을 제한하는 아동·청소년의 성보호에 관한 법률 부칙 제5조 제1호는 신뢰보호원칙에 위배되지 아니한다(2023.5.25. 2020헌바45).

8. 전시·사변 등 국가비상사태에 있어서 전투에 종사하는 자에 대하여 각령(閣令)이 정하는 바에 의하여 전투근무수당을 지급하도록 한 구 군인보수법 제17조 중 '전시·사변 등 국가비상사태' 부분이 명확성원칙에 위반되지 않는다(2023.8.31. 2020헌바594).

9. 청원주로 하여금 청원경찰이 품위를 손상하는 행위를 한 때에는 대통령령으로 정하는 징계절차를 거쳐 징계처분을 하도록 규정한 청원경찰법 은 일반적 행동의 자유를 제한하는 조항이므로 원칙적으로는 제한의 내용을 법률에서 정하여야 한다. 그런데 심판대상조항은 징계의 절차나 효력, 그 밖에 징계에 필요한 사항들에 관하여 이를 대통령령에 위임하고 있고, **징계의 사유와 종류는 청원경찰법에서 직접 정하고 있다.** 따라서 징계의 절차나 효력 등에 관한 사항이 법률에서 직접 정해야 할 징계의 본질적 내용이라면 심판대상조항은 법률유보원칙을 위반하는 것이 된다. 그러나 **징계의 절차나 효력** 등은 징계기관이나 징계권자가 누구인지에 따라 그 내용이 얼마든지 달라질 수 있는 사항이므로 이를 반드시 법률에서 정해야 할 본질적인 사항이라고 보기는 어렵다. 따라서 심판대상조항은 법률유보원칙에 위배된다고 볼 수 없다(2022.5.26. 2019헌바530).

04. 지방자치제도

1. 헌법 제117조 제1항은 "지방자치단체는 주민의 복리에 대한 사무를 처리하고 재산을 관리하며, 법령의 범위 안에서 자치에 관한 규정을 제정할 수 있다."고 규정하여 지방자치단체의 자치권을 보장한다. 지방자치단체의 자치권은 자치입법권·자치행정권·자치재정권으로 나눌 수 있다(2021.3.25. 2018헌바348). * 자치사법권은 자치권에 속하지 않음.

2. 자치재정권은 지방자치단체가 법령의 범위 내에서 국가의 지시를 받지 않고 자기 책임하에 수입과 지출을 운영할 수 있는 권한이다. 자치재정권 중 자치수입권은 지방자치단체가 법령의 범위 내에서 자기 책임하에 그에 허용된 수입원으로부터 수입정책을 결정할 수 있는 권한인데, 여기에는 지방세, 분담금 등을 부과·징수할 수 있는 권한이 포함된다(2021.3.25. 2018헌바348).

3. 광역지방자치단체가 기초지방자치단체의 자치사무에 대하여 실시하는 감사 중 연간 감사계획에 포함되지 아니하고 사전조사도 수행되지 아니한 감사의 경우 **감사대상의 사전통보가 감사의 개시요건인 것은 아니다**(2023.3.23. 2020헌라5).

4. 지방자치단체의 자치사무에 대한 무분별한 감사권의 행사는 헌법상 보장된 지방자치권을 침해할 가능성이 크므로, 원칙적으로 감사 과정에서 사전에 감사대상으로 특정되지 아니한 사항에 관하여 위법사실이 발견되었다고 하더라도 감사대상을 확장하거나 추가하는 것은 허용되지 않는다. 다만, 자치사무의 합법성 통제라는 감사의 목적이나 감사의 효율성 측면을 고려할 때, <u>당초 특정된 감사대상과 **관련성이 인정되는** 것으로서 당해 절차에서 함께 감사를 진행하더라도 감사대상 지방자치단체가 **절차적인 불이익을 받을 우려가 없고**, 해당 감사대상을 적발하기 위한 목적으로 감사가 진행된 것으로 볼 수 없는 사항에 대하여는 감사대상의 확장 내지 추가가 허용된다</u>(2023.3.23. 2020헌라5).

5. 구 지방자치법 제171조 제2항은 감사 전 법령 위반 여부를 확인해야 하지만 **감사 개시 전 엄격한 위법성 확인은 필요하지 않다.** 합리적 의심이 가능한 경우 감사 착수를 인정되므로 시·도지사가 제보나 언론보도를 통해 합리적 의심이 가능한 경우 감사 개시는 타당하다(2023.3.23. 2020헌라5).

05. 기본권 총론

1. 재개발조합이 공법인의 지위에서 행정처분의 주체가 되는 경우에 있어서는, 위 조합은 재개발사업에 관한 국가의 기능을 대신하여 수행하는 공권력 행사자 내지 기본권 수범자의 지위에 있다. 따라서 <u>재개발조합이 기본권의 수범자로 기능하면서 행정심판의 피청구인이 된 경우에 적용되는 심판대상조항의 위헌성을 다투는 이 사건에 있어, 재개발조합인 청구인은 기본권의 주체가 된다고 볼 수 없다</u>(2022.7.21. 2019헌바543). * 지방자치단체의 장이나 서울대학교가 행정심판의 피청구인인 경우 기본권 주체가 되지 않는다.

2. 6·25 전쟁 중(1950년 6월 25일부터 1953년 7월 27일 군사정전에 관한 협정 체결 전까지를 말한다) 본인의 의사에 반하여 북한에 의하여 강제로 납북된 자 및 그 가족에 대한 **보상입법을 마련할 입법의무가** 직접적으로 도출된다고 보기 어렵다(2022.8.31. 2019헌마1331).

06. 인간의 존엄과 가치, 행복추구권

침해인 것

1. 누구든지 금융회사등에 종사하는 자에게 타인의 금융거래의 내용에 관한 정보 또는 자료를 요구하는 것을 금지하고, 이를 위반시 형사처벌하는 구 '금융실명거래 및 비밀보장에 관한 법률' 제4조 제1항은 과잉금지원칙에 반하여 일반적 행동자유권을 침해하므로 헌법에 위반된다(2022.2.24. 2020헌가5). *알권리 제한은 아님.

2. 사람은 출생으로 권리·의무의 주체가 될 수 있는 능력을 취득한다. 출생신고는 사람의 출생과 관련된 사실을 공적 장부인 가족관계등록부에 기록할 것을 요구하는 행위로 출생등록은 기본적으로 출생자가 사람으로서 권리·의무의 주체가 되는 능력을 취득하였음을 대외적으로 공시하는 기능을 담당한다. 태어난 즉시 '출생등록될 권리'는 헌법 제10조의 인간의 존엄과 가치 및 행복추구권으로부터 도출되는 일반적 인격권을 실현하기 위한 기본적인 전제로서 헌법 제10조뿐만 아니라, 헌법 제34조 제1항의 인간다운 생활을 할 권리, 헌법 제36조 제1항의 가족생활의 보장, 헌법 제34조 제4항의 국가의 청소년 복지향상을 위한 정책실시의무 등에도 근거가 있다. 이와 같은 태어난 즉시 '출생등록될 권리'는 앞서 언급한 기본권 등의 어느 하나에 완전히 포섭되지 않으며, 이들을 이념적 기초로 하는 헌법에 명시되지 아니한 독자적 기본권으로서, 자유로운 인격실현을 보장하는 자유권적 성격과 아동의 건강한 성장과 발달을 보장하는 사회적 기본권의 성격을 함께 지닌다. 혼인 중 여자와 남편 아닌 남자 사이에서 출생한 자녀에 대한 생부의 출생신고를 허용하도록 규정하지 아니한 '가족관계의 등록 등에 관한 법률' 제46조 제2항은 **혼인 외 출생자인 청구인들의 태어난 즉시 '출생등록될 권리'를 침해**한다(2023.3.23. 2021헌마975). *생부의 권리침해 아님

침해가 아닌 것

1. 물품을 반송하려면 세관장에게 신고하도록 하는 관세법 제241조 제1항 중 '반송'에 관한 과잉금지원칙에 반하여 환승 여행객의 일반적 행동자유권을 침해한다고 할 수 없다(2023.6.29. 2020헌바177).

2. 도로교통법 제44조 제1항을 위반하여 자동차를 운전한 사람이 다시 음주운전 금지규정을 위반하여 자동차를 운전해서 운전면허 정지사유에 해당된 경우 필요적으로 그의 운전면허를 취소하도록 하는 구 도로교통법 제93조 제1항이 과잉금지원칙에 위반된다고 할 수 없다(2023.6.29. 2020헌바182).

3. '교통의 안전과 위험방지를 위하여 필요하다고 인정하는 경우' 음주측정을 요구할 수 있도록 한 구 도로교통법 제44조 제2항은 과잉금지원칙에 반하여 일반적 행동자유권을 침해하지 아니한다 (2023.10.26. 2019헌바91).

4. '혼인 중 여자와 남편 아닌 남자 사이에서 출생한 자녀에 대한 생부의 출생신고'를 허용하도록 규정하지 아니한 '가족관계의 등록 등에 관한 법률' 제46조 제2항은 생부인 청구인들의 평등권을 침해하지 않는다(2023.3.23. 2021헌마975).
*반대의견 : 심판대상조항들은 정확한 신분관계의 공시를 통해 사회혼란을 방지하고, 민법상 친생추정제도와 모순되는 출생신고를 방지하는 공익을 달성하고자 한다. 그러나 민법상 친생추정을 받는 생모와 그 남편의 혼인 외 출생자에 대한 출생신고가 담보될 수 없을 때, 생부의 출생신고를 허용해 혼인 외 출생자를 보호하는 것이 가능하다면, 심판대상조항들의 공익은 훼손되지 않는다. 따라서 이러한 상황에서는 가족생활의 자유를 보장하는 것이 더 중요하며, 심판대상조항들은 과잉금지원칙을 위배하여 생부인 청구인들의 가족생활의 자유를 침해한다고 볼 수 있다.

5. 분할복무를 신청하여 복무중단 중인 사회복무요원이 자유롭게 영리행위를 할 수 있는 것과 달리 대학에서의 수학행위를 할 수 없게 한 병역법은 인격발현권을 침해하지 않는다(2021.6.24. 2018헌마526).

6. 자동차 운전 중 휴대용 전화를 사용하는 것을 금지하고 위반시 처벌하는 구 도로교통법은 일반적 행동자유권을 제한하나 침해하지는 않는다(2021.6.24. 2019헌바5).

7. 정당한 사유 없는 예비군 훈련 불참을 형사처벌하는 예비군법은 예비군대원의 일반적 행동자유권을 제한하나 침해한다고 할 수 없다(2021.5.27. 2019헌마321).

8. 청원주로 하여금 청원경찰이 품위를 손상하는 행위를 한 때에는 대통령령으로 정하는 징계절차를 거쳐 징계처분을 하도록 규정한 청원경찰법 제5조의2 제1항 제2호가 명확성원칙 및 과잉금지원칙에 위배한다고 보기도 어렵다(2022.5.26. 2019헌바530).

9. 이동통신사업자가 제공하는 전기통신역무를 타인의 통신용으로 제공하는 것을 원칙적으로 금지하고, 위반시 형사처벌하는 전기통신사업법은 이동통신서비스 이용자의 일반적 행동자유권을 제한한다. 이용자와 타인 간의 의사소통과정의 비밀을 제한한다거나 이용자의 발언내용을 제한한다고 보기 어렵다. 이용자의 일반적 행동자유권을 침해하지 아니한다(2022.6.30. 2019헌가14). * 전기통신사업자가 제공한 역무를 이용한 통신매개금지는 명확성원칙 위반이었음.

10. 지급정지가 이루어진 사기이용계좌 명의인의 전자금융거래를 제한하는 구 '전기통신금융사기 피해방지 및 피해금 환급에 관한 특별법'은 청구인의 일반적 행동자유권을 침해하지 아니한다(2022.6.30. 2019헌마579). *재산권 제한은 아님.

11. 전기통신금융사기의 피해자가 피해구제 신청을 하는 경우 피해자의 자금이 송금·이체된 계좌 및 해당 계좌로부터 자금의 이전에 이용된 계좌를 지급정지하는 '전기통신금융사기 피해방지 및 피해금 환급에 관한 특별법' 제4조 제1항 제1호는 청구인의 재산권을 침해하지 아니한다(2022.6.30. 2019헌마579). *재산권 제한임.

12. 못된 장난 등으로 다른 사람, 단체 또는 공무수행 중인 자의 업무를 방해한 사람을 20만원 이하의 벌금, 구류 또는 과료로 처벌하는 경범죄 처벌법은 의사표현을 직접 제한하는 조항이 아니고 위에서 본 바와 같이 심판대상조항에 의하여 주로 제한되는 기본권은 일반적 행동자유권이라고 할 것이다. 죄형법정주의 명확성원칙을 위반하여 청구인의 일반적 행동자유권을 침해하지 않는다(2022.11.24. 2021헌마426).

13. 가해학생에 대한 조치로 피해학생에 대한 서면사과를 규정한 학교폭력예방법이 가해학생의 양심의 자유와 인격권을 침해한다고 보기 어렵다(2023.2.23. 2019헌바93). * 학교폭력예방법은 위헌없음.

14. 가해학생에 대한 조치로 학급교체를 규정한 구 학교폭력예방법이 가해학생의 일반적 행동자유권을 과도하게 침해한다고 보기 어렵다(2023.2.23. 2019헌바93).

15. 학부모대표가 전체위원의 과반수를 구성하고 있는 자치위원회에서 일정한 요건을 갖춘 경우 반드시 회의를 소집하여 가해학생에 대한 조치의 내용을 결정하게 하고 학교의 장이 이에 구속되도록 규정한 구 학교폭력예방법 제13조 제1항·제2항, 제17조 제1항·제6항이 과잉금지원칙을 위반하여 가해학생의 양심의 자유, 인격권 및 일반적 행동자유권을 침해한다고 보기 어렵다(2023.2.23. 2019헌바93).

16. 금융위원회위원장이 2019.12.16. 시중 은행을 상대로 투기지역·투기과열지구 내 초고가 아파트(시가 15억원 초과)에 대한 주택구입용 주택담보대출을 2019.12.17.부터 금지한 조치는 과잉금지원칙에 반하여 청구인의 재산권 및 계약의 자유를 침해하지 아니한다(2023.3.23. 2019헌마1399).

17. 항문성교나 그 밖의 추행을 한 사람은 2년 이하의 징역에 처하도록 한 군형법 제92조의6은 동성 간의 성적 행위에만 적용된다고 할 것이므로 죄형법정주의의 명확성원칙에 위배되지 아니한다. 항문성교나 그 밖의 추행을 한 사람은 2년 이하의 징역에 처하도록 한 군형법이 과잉금지원칙에 위배되어 군인의 성적 자기결정권 또는 사생활의 비밀과 자유를 침해한다고 볼 수 없다(2023.10.26. 2017헌가16).

혼인과 가족제도

1. 입양신고시 신고사건 본인이 시·읍·면에 출석하지 아니하는 경우에는 신고사건 본인의 신분증명서를 제시하도록 한 '가족관계의 등록 등에 관한 법률'이 입법형성권의 한계를 넘어서 입양당사자의 가족생활의 자유를 침해한다고 보기 어렵다(2022.11.24. 2019헌바108). **입양과 양자 위헌없음**

2. 8촌 이내의 혈족 사이에서는 혼인할 수 없도록 하는 민법 제809조 제1항(이하 '이 사건 금혼조항'이라 한다)은 혼인의 자유를 침해를 침해하지 않는다(2022.10.27. 2018헌바115).

3. 금혼조항에 위반한 경우 혼인을 무효로 하는 것은 혼인의 자유를 침해한다(2022.10.27. 2018헌바115).

4. 개정 전 공직자윤리법 조항에 따라 이미 배우자의 직계존·비속의 재산을 등록한 **혼인한 여성 등록의무자**는 종전과 동일하게 계속해서 배우자의 직계존·비속의 재산을 등록하도록 규정한 공직자윤리법 부칙은 평등권을 침해한다(2021. 9. 30. 2019헌가3). *비례원칙이 적용되었고 목적의 정당성이 없었음

07. 평등권

침해인 것

1. 65세 미만의 경우 치매·뇌혈관성질환 등 대통령령으로 정하는 **노인성 질병을 가진 자에 한해 장애인 활동지원급여 신청자격을 인정하고 있는** 장애인활동 지원에 관한 법률은 평등권을 침해한다(2020.12.23. 2017헌가22).

2. 특별교통수단에 있어 **표준휠체어만을 기준으로** 휠체어 고정설비의 안전기준을 정하고 있는 '교통약자의 이동편의 증진법 시행규칙' 제6조 제3항 별표 1의2가 합리적 이유 없이 표준휠체어를 이용할 수 있는 장애인과 표준휠체어를 이용할 수 없는 장애인을 달리 취급하여 청구인의 평등권을 침해한다(2023.5.25. 2019헌마1234).

3. 근로자가 사망할 당시 그 근로자와 생계를 같이하고 있던 유족 중 '대한민국 국민인 유족' 및 '국내 거주 외국인유족'은 퇴직공제금을 지급받을 유족의 범위에 포함하면서 청구인과 같은 '**외국거주 외국인유족**'을 그 **범위에서 제외하는** 구 건설근로자의 고용개선 등에 관한 법률 제14조 제2항은 평등원칙에 위반된다(2023.3.23. 2020헌바471).

4. 국가를 상대로 하는 당사자소송의 경우에는 **가집행선고를 할 수 없다**고 규정한 행정소송법 제43조는 평등원칙에 반한다(2022.2.24. 2020헌가12).

5. 내국인등과 달리 외국인의 경우 보험료를 체납한 경우에는 **다음 달부터 곧바로 보험급여**를 제한하는 국민건강보험법 제109조 제10항은 청구인들의 평등권을 침해한다(2023.9.26. 2019헌마1165).

6. 6·25전몰군경자녀에게 6·25전몰군경자녀수당을 지급하면서 그 수급권자를 6·25전몰군경자녀 중 1명에 한정하고, **나이가 많은 자를 우선하도록** 정한 구 '국가유공자 등 예우 및 지원에 관한 법률' 제16조의3 제1항 본문 중 '자녀 중 1명'에 한정하여 6·25전몰군경자녀수당을 지급하도록 한 부분이 나이가 적은 6·25전몰군경자녀의 평등권을 침해한다(2021.3.25. 2018헌가6).

> 침해가 아닌 것

1. 1945년 8월 15일 이후에 사망한 독립유공자의 유족으로 최초로 등록할 당시 자녀까지 모두 사망하거나 생존 자녀가 보상금을 지급받지 못하고 사망한 경우 손자녀 1명에게만 보상금을 지급하는 것은 청구인의 평등권을 침해하지 아니한다(2022.1.27. 2020헌마594).

2. 독립유공자의 유족 중 자녀의 범위에서 사후양자를 제외하는 '독립유공자예우에 관한 법률' 제5조 제3항 본문은 평등원칙에 위반되지 않는다(2021.5.27. 2018헌바277)

3. 1945년 8월 15일 이후에 독립유공자에게 입양된 양자의 경우 독립유공자, 그의 배우자 또는 직계존비속을 부양한 사실이 있는 자만 유족 중 자녀에 포함시키고 있는 '독립유공자예우에 관한 법률' 제5조 제3항 단서가 평등원칙에 위반된다고 볼 수 없다(2021.5.27. 2018헌바277).

4. 1945년 8월 15일 이후에 사망한 독립유공자의 유족으로 최초로 등록할 당시 자녀까지 모두 사망하거나 생존 자녀가 보상금을 지급받지 못하고 사망한 경우에 한하여 독립유공자의 손자녀 1명에게 보상금을 지급하도록 하는 '독립유공자예우에 관한 법률' 제12조 제2항 제2호는 독립유공자의 사망시기를 기준으로 보상금 지급을 달리하여 청구인의 평등권을 침해하지 않는다(2022.1.27. 2020헌마594).

5. 임대의무기간이 10년인 공공건설임대주택의 분양전환가격을 임대의무기간이 5년인 공공건설임대주택의 분양전환가격과 다른 기준에 따라 산정하도록 하는 구 임대주택법 시행규칙 제14조 중 제9조 제1항 [별표 1] 제1호 가목을 준용하는 부분이 10년 임대주택에 거주하는 임차인의 평등권을 침해하지 아니한다(2021.4.29. 2019헌마202).

6. 전용면적 85제곱미터를 초과하는 공공건설임대주택은 전용면적 85제곱미터 이하의 공공건설임대주택과 달리 분양전환가격 산정기준 적용 대상에서 제외하는 공공주택 특별법 시행령 제56조 제7항 중 '전용면적 85제곱미터를 초과하는 경우는 제외한다' 부분이 중·대형임대주택에 거주하는 임차인의 평등권을 침해하지 아니한다(2021.4.29. 2020헌마923).

7. '공익신고자 보호법'상 보상금의 지급을 신청할 수 있는 자의 범위를 '내부 공익신고자'로 한정함으로써 '외부 공익신고자'를 보상금 지급대상에서 배제하도록 정한, '공익신고자 보호법' 제26조 제1항 중 '내부 공익신고자' 부분이 평등원칙에 위배된다고 볼 수 없다(2021.5.27. 2018헌바127).

8. 본인이 18세 이후 통틀어 3년을 초과하여 국내에 체재한 경우 1993.12.31. 이전에 출생한 사람들에 대한 예외를 두지 않고 재외국민 2세의 지위를 상실할 수 있도록 규정한 병역법 시행령 제128조 제7항 제2호는 청구인들의 평등권을 침해하지 아니한다(2021.5.27. 2019헌마177).

9. 4·19혁명공로자에게 지급되는 보훈급여의 종류를 보상금이 아닌 수당으로 규정한 국가유공자법 제16조의4 제1항 및 2019년도 공로수당의 지급월액을 31만 1천원으로 규정한 같은 법 시행령 제27조의4가 각각 보상금으로 월 172만 4천원을 받는 건국포장 수훈 애국지사에 비하여 4·19혁명공로자를 합리적 이유 없이 차별 취급하여 평등권을 침해한다고 할 수 없다(2022.2.24. 2019헌마883).

10. 국공립어린이집, 사회복지법인어린이집, 법인·단체등어린이집 등과 달리 민간어린이집에는 보육교직원 인건비를 지원하지 않는 '2020년도 보육사업안내'는 평등권을 침해하였다고 볼 수 없다(2022.2.24. 2020헌마177).

11. '정보통신망 이용촉진 및 정보보호 등에 관한 법률' 제70조 제2항의 명예훼손죄를 반의사불벌죄로 정하고 있는 정보통신망법 제70조 제3항 중 제2항에 관한 부분은 형벌체계상 균형을 상실하여 평등원칙에 위반되지 아니한다(2021.4.29. 2018헌바113).

12. 경유를 연료로 사용하는 자동차의 소유자로부터 환경개선부담금을 부과·징수하도록 정한 환경개선비용 부담법 제9조 제1항은 경유차 소유자를 휘발유를 연료로 사용하는 자동차의 소유자에 비해 차별하여 평등원칙에 위반되지 아니한다(2022.6.30. 2019헌바440).

13. 현역병, 지원에 의하지 아니하고 임용된 부사관, 방위, 상근예비역, 보충역 등의 복무기간과는 달리 사관생도의 사관학교 교육기간을 연금 산정의 기초가 되는 군 복무기간으로 산입할 수 있도록 규정하지 아니한 구 군인연금법 제16조 제5항이 청구인들의 평등권을 침해한다고 볼 수 없다 (2022.6.30. 2019헌마150).

14. '가구 내 고용활동'에 대해서는 근로자퇴직급여 보장법을 적용하지 않도록 규정한 근로자퇴직급여 보장법 제3조 단서는 <u>재산권 제한 문제는 발생하지 않고</u> **헌법 제32조 제4항 위반문제도 아니고** 평등권 문제이다. 평등원칙에 위배되지 아니한다(2022.10.27. 2019헌바454).

15. 근로자의 날을 관공서의 공휴일에 포함시키지 않은 '관공서의 공휴일에 관한 규정' 제2조 본문이 공무원인 청구인들의 평등권을 침해한다고 볼 수 없다(2022.8.31. 2020헌마1025).

16. 주택재개발조합이 행정심판의 피청구인이 된 경우 그 인용재결에 기속되도록 규정한, 행정심판법 제49조 제1항은 평등원칙에 반하지 않는다(2022.7.21. 2019헌바543). *행정심판법 위헌없음.

17. 공무원이 지위를 이용하여 범한 공직선거법위반죄의 경우 일반인이 범한 공직선거법위반죄와 달리 공소시효를 10년으로 정한 공직선거법 제268조 제3항은 평등원칙에 위배된다고 할 수 없다 (2022.8.31. 2018헌바440).

18. 영화업자가 영화근로자와 계약을 체결할 때 근로시간을 구체적으로 밝히도록 하고 위반시 처벌하는 영화 및 비디오물의 진흥에 관한 법률 제3조는 평등권을 침해하지 않는다(2022.11.24. 2018헌바514).

19. 국립묘지 안장 대상자의 사망 당시의 배우자가 재혼한 경우에는 국립묘지에 안장된 안장 대상자와 합장할 수 없도록 규정한 '국립묘지의 설치 및 운영에 관한 법률' 제5조 제3항 본문 제1호 단서는 평등원칙에 위배되지 않는다(2022.11.24. 2020헌바463).

20. 가정폭력 가해자에 대해 피해자 또는 가정구성원에 대한 '전기통신사업법' 제2조 제1호의 전기통신을 이용한 접근금지만 규정하여 우편을 이용한 접근금지를 피해자보호명령에 포함시키지 아니한 구 '가정폭력범죄의 처벌 등에 관한 특례법'은 평등원칙에 위반된다고 보기 어렵다(2023.2.23. 2019헌바43).

21. 폭력범죄를 목적으로 한 단체 또는 집단의 구성원으로 활동한 사람을 2년 이상의 유기징역으로 처벌하도록 한 구 '폭력행위 등 처벌에 관한 법률'이 형벌체계상의 균형을 상실하여 평등원칙에 위배된다고 볼 수 없다(2022.12.22. 2019헌바401).

22. 추천위원회의 직원위원 수를 4인으로 정한 '부경대학교 총장임용후보자 선정 및 추천에 관한 규정' 제4조 제1항 제2호가 부경대학교 직원인 청구인들의 평등권을 침해한다고 할 수 없다(2023.5.25. 2020헌마1336).

23. 집합제한조치로 발생한 손실을 보상하는 규정을 두지 않은 구 '감염병의 예방 및 관리에 관한 법률' 제70조 제1항이 청구인들의 평등권을 침해한다고 할 수 없다(2023.6.29. 2020헌마1669).

24. 전시·사변 등 국가비상사태에 있어서 전투에 종사하는 자에 대하여 각령(閣令)이 정하는 바에 의하여 전투근무수당을 지급하도록 한 구 군인보수법이 평등원칙에 위반된다고 할 수 없다(2023.8.31. 2020헌바594).

25. 내국인 및 영주(F-5)·결혼이민(F-6)의 체류자격을 가진 외국인과 달리 외국인 지역가입자에 대하여 납부할 월별 보험료의 하한을 전년도 전체 가입자의 평균을 고려하여 정하는 구 '장기체류 재외국민 및 외국인에 대한 건강보험 적용기준'이 외국인 지역가입자인 청구인들의 평등권을 침해한다고 할 수 없다(2023.9.26. 2019헌마1165).

26. 경상국립대학교의 교원, 직원 및 조교, 학생에게 총장선거권을 부여한 '경상국립대학교 총장임용후보자 선정에 관한 규정' 제12조 제1항 본문은 같은 대학의 강사인 청구인들의 평등권을 침해하지 아니한다(2023.9.26. 2020헌마553).

27. 우정직 공무원을 우체국장 및 과·실장의 보직 부여 대상에서 제외한 '우정사업본부 직제 시행규칙'은 우정직 공무원인 청구인들의 평등권을 침해하지 아니한다(2023.8.31. 2020헌마116).

28. 예비역 복무의무자의 범위에서 일반적으로 여성을 제외하는 구 병역법 제3조 제1항 중 '예비역 복무'에 관한 부분 및 지원에 의하여 현역복무를 마친 여성을 일반적인 여성의 경우와 동일하게 예비역 복무의무자의 범위에서 제외하는 군인사법 제41조 제4호 및 단서, 제42조는 청구인의 평등권을 침해하지 아니한다(2023.10.26. 2018헌마357).

08. 신체의 자유

죄형법정주의

1. 강제퇴거명령을 받은 사람을 보호할 수 있도록 하면서 보호기간의 상한을 마련하지 아니한 출입국관리법 제63조 제1항에 대해서는 엄격한 심사기준이 적용되어야 한다. **과잉금지원칙 및 적법절차원칙에 위배되어** 피보호자의 신체의 자유를 침해한다(2023.3.23. 2020헌가1, 2021헌가10).

2. 식품의약품안전처장이 식품의 사용기준을 정하여 고시하고, 고시된 사용기준에 맞지 아니하는 식품을 판매하는 행위를 금지·처벌하는 구 식품위생법은 위임의 한계를 넘지 않는다(2021.2.25. 2017헌바222).

3. DNA 증거 등 그 죄를 증명할 수 있는 과학적 증거가 있는 특정 성폭력 범죄는 공소시효를 10년 연장하는 조항을 연장조항 시행 전에 범한 죄로 아직 공소시효가 완성되지 아니한 것에 대하여도 적용하는 조항은 형벌불소급의 원칙이 적용되는 범위에 포함되지 아니하고, 연장조항으로 인하여 제한되는 성폭력범죄자의 신뢰이익이 실체적 정의라는 공익에 우선하여 특별히 헌법적으로 보호할 가치가 있다고 보기 어려우므로, 부칙조항은 형벌불소급의 원칙이나 신뢰보호원칙에 위배되지 아니한다(2023.5.25. 2020헌바309).

4. 형벌불소급의 원칙은 '행위의 가벌성'에 관한 것이기 때문에 소추가능성에만 연관될 뿐이고 가벌성에는 영향을 미치지 않는 공소시효에 관한 규정은 원칙적으로 그 효력범위에 포함되지 않는다. 따라서 공소시효의 정지규정을 과거에 이미 행한 범죄에 대하여 적용하도록 하는 법률이라 하더라도 그 사유만으로 헌법 제12조 제1항 및 제13조 제1항에 규정한 죄형법정주의의 파생원칙인 형벌불소급의 원칙에 언제나 위배되는 것으로 단정할 수는 없다(2021.6.24. 2018헌바457).

과잉형벌금지

위반인 것

1. 음주운전 금지규정 위반 또는 음주측정거부 전력이 1회 이상 있는 사람이 다시 음주운전 금지규정 위반행위를 한 경우 2년 이상 5년 이하의 징역이나 1천만원 이상 2천만원 이하의 벌금에 처하도록 규정한 도로교통법 제148조의2 제1항은 책임과 형벌 간의 비례원칙에 위반된다(2022.5.26. 2021헌가30). *명확성원칙 위반은 아님.

2. 음주운항 전력이 있는 사람이 다시 음주운항을 한 경우 2년 이상 5년 이하의 징역이나 2천만원 이상 3천만원 이하의 벌금에 처하도록 규정한 해사안전법 제104조의2 제2항 중 '제41조 제1항을 위반하여 2회 이상 술에 취한 상태에서 선박의 조타기를 조작한 운항자'에 관한 부분은 책임과 형벌 간의 비례원칙에 위반된다(2022.8.31. 2022헌가10).

3. 가족 중 성년자가 예비군훈련 소집통지서를 예비군대원 본인에게 전달하여야 하는 의무를 위반한 행위를 한 경우 6개월 이하의 징역 또는 500만원 이하의 벌금에 처하도록 한 예비군법 제15조 제10항은 비례원칙에도 위반된다고 할 것이다 (2022.5.26. 2019헌가12).

4. 주거침입강제추행죄와 주거침입준강제추행죄에 대하여 무기징역 또는 7년 이상의 징역에 처하도록 한 '성폭력범죄의 처벌 등에 관한 특례법'은 책임과 형벌 간의 비례원칙에 위배된다(2023.2.23. 2021헌가9). *주거침입강제추행죄 5년 이상의 징역은 위헌아님

위반이 아닌 것

1. 야간주거침입절도죄의 미수범이 준강제추행죄를 범한 경우 무기징역 또는 7년 이상의 징역에 처하도록 한 성폭력범죄의 처벌 등에 관한 특례법은 책임과 형벌 간의 비례원칙에 위배되지 않는다 (2023.2.23. 2022헌가2).

2. 아동학대 신고의무자인 초·중등학교 교원이 보호하는 아동에 대하여 아동학대범죄를 범한 때에는 그 죄에 정한 형의 2분의 1까지 가중하도록 한 '아동학대범죄의 처벌 등에 관한 특례법' 제7조 가운데 제10조 제2항 제20호 중 초·중등교육법 제19조에 따른 교원에 관한 부분이 책임과 형벌 간의 비례원칙에 위배하였다고 볼 수 없다(2021.3.25. 2018헌바388).

3. 아동·청소년이 등장하는 아동·청소년성착취물을 배포한 자를 3년 이상의 징역에 처하도록 한 '아동·청소년의 성보호에 관한 법률' 제11조 제3항 중 '아동·청소년이 등장하는 아동·청소년성착취물을 배포한 자'에 관한 부분이 책임과 형벌 간의 비례원칙에 위반된다고 할 수 없다(2022.11.24. 2021헌바144).

명확성원칙

1. 환경부장관이 하수의 수질을 현저히 악화시키는 것으로 판단되는 특정공산품의 제조·수입·판매나 사용의 금지 또는 제한을 명할 수 있도록 한 구 하수도법은 죄형법정주의의 명확성원칙에 위배되지 않는다(2021.3.25. 2018헌바375).

2. 대중교통수단, 공연·집회 장소, 그 밖에 공중이 밀집하는 장소에서 사람을 추행한 사람을 처벌하는 구 '성폭력범죄의 처벌 등에 관한 특례법' 제11조 중 '추행' 부분은 죄형법정주의의 명확성원칙에 위반되지 아니한다(2021.3.25. 2019헌바413).

3. 누구든지 약사법 제42조 제1항을 위반하여 수입된 의약품을 판매하거나 판매할 목적으로 저장 또는 진열하여서는 아니 된다고 규정한 구 약사법 제61조 제1항 제2호 중 '제42조 제1항을 위반하여 수입된 의약품'에 관한 부분은 죄형법정주의의 명확성원칙에 위배된다고 할 수 없다(2022.10.27. 2020헌바375).

4. 정보통신망을 통하여 음란한 화상 또는 영상을 공공연하게 전시하여 유통하는 것을 금지하고 이를 위반하는 자를 처벌하도록 정한 '정보통신망 이용촉진 및 정보보호 등에 관한 법률'은 죄형법정주의의 명확성원칙에 위배된다고 할 수 없다(2023.2.23. 2019헌바305).

5. 어린이 보호구역에서 제한속도 준수의무 또는 안전운전의무를 위반하여 어린이를 상해에 이르게 한 경우 1년 이상 15년 이하의 징역 또는 500만원 이상 3천만원 이하의 벌금에, 사망에 이르게 한 경우 무기 또는 3년 이상의 징역에 처하도록 규정한 '특정범죄 가중처벌 등에 관한 법률' 제5조의13은 죄형법정주의의 명확성원칙에 위반된다고 할 수 없다(2023.2.23. 2020헌마460).

영장주의

1. 헌법상 영장주의는 체포·구속·압수·수색 등 기본권을 제한하는 강제처분에 적용되므로, 강제력이 개입되지 않은 임의수사에 해당하는 수사기관 등의 **통신자료 취득에는** 에는 영장주의가 <u>적용되지 않는다</u>(2022.7.21. 2016헌마388).

2. 기지국 수사를 허용하는 **통신사실 확인자료 제공요청**은 법원의 허가를 받으면, 해당 가입자의 동의나 승낙을 얻지 아니하고도 제3자인 전기통신사업자에게 해당 가입자에 관한 통신사실 확인자료의 제공을 요청할 수 있도록 하는 수사방법으로, 통신비밀보호법이 규정하는 강제처분에 해당하므로 헌법상 영장주의가 적용된다(2018.6.28. 2012헌마538).

3. 사형·무기 또는 장기 3년 이상의 징역이나 금고에 해당하는 죄를 범하였다고 의심할만한 상당한 이유가 있는 경우에 피의자를 긴급체포할 수 있도록 한 형사소송법 제200조의3 제1항은 헌법상 영장주의에 위반되지 아니한다(2021.3.25. 2018헌바212).

4. 영장신청권자로서의 '검사'는 '검찰권을 행사하는 국가기관'인 검사로서 공익의 대표자이자 인권옹호기관으로서의 지위에서 그에 부합하는 직무를 수행하는 자를 의미하는 것이지, <u>검찰청법상 검사만을 지칭하는 것으로 보기 어렵다</u>. 수사처검사는 변호사 자격을 일정 기간 보유한 사람 중에서 임명하도록 되어 있으므로, 법률전문가로서의 자격도 충분히 갖추었다. 따라서 공수처법 제8조 제4항은 영장주의원칙을 위반하여 청구인들의 신체의 자유 등을 침해하지 않는다(2021.1.28. 2020헌마264).

5. 수사권 및 소추권은 입법부·사법부가 아닌 '대통령을 수반으로 하는 행정부'에 부여된 '헌법상 권한'이라 할 것이다. **헌법 제12조 제3항**의 검사의 영장신청권은 제5차 개정헌법(1962.12.26. 헌법 제6호)에서 처음 도입되었다. **검사의 영장신청권 조항에서** 검사에게 **헌법상 수사권까지** 부여한다는 **내용까지 논리 필연적으로 도출된다고 보기 어렵다.** 피청구인의 이 사건 법률개정행위로 인해 검사의 '헌법상 권한'(영장신청권)이 침해될 가능성은 존재하지 아니하고, 국회의 구체적인 입법행위를 통해 비로소 그 내용과 범위가 형성되어 부여된 검사의 '법률상 권한'(수사권 및 소추권)은 그 자체로 국회의 법률개정행위로 인해 침해될 가능성이 없으므로, 피청구인의 이 사건 법률개정행위로 인한 청구인 검사들의 헌법상 권한 침해가능성은 인정되지 아니한다(2023.3.23. 2022헌라4).

변호인의 조력을 받을 권리

1. **법원이 열람·등사 허용 결정을 하였음에도 검사가 열람·등사를 거부한 행위**
   법원이 열람·등사 허용 결정을 하였음에도 검사가 이를 신속하게 이행하지 아니하는 경우에는 해당 증인 및 서류 등을 증거로 신청할 수 없는 불이익을 받는 것에 그치는 것이 아니라, 그러한 검사의 거부행위는 피고인의 열람·등사권을 침해하고, 나아가 피고인의 신속·공정한 재판을 받을 권리 및 변호인의 조력을 받을 권리까지 침해하게 되는 것이므로, 피청구인의 이 사건 거부행위는 청구인의 신속·공정한 재판을 받을 권리 및 변호인의 조력을 받을 권리를 침해한다(2022.6.30. 2019헌마35).

2. 수형자는 원칙적으로 변호인의 조력을 받을 권리의 주체가 아니지만, **교정시설 수용 중 새로 기소된 형사사건에서는 예외적으로 해당 권리의 주체가 될 수 있다.** 따라서 변호인이 보낸 서신을 개봉한 행위는 변호인의 조력을 받을 권리를 제한한다. 청구인의 주장은 변호인과의 서신 개봉 문제를 다루는 것으로, **통신비밀의 자유 침해 여부는 별도로 판단하지 않는다.** 미결수용자와 같은 지위에 있는 수형자는 서신 이외에도 접견 또는 전화통화에 의해서도 변호사와 접촉하여 형사소송을 준비할 수 있다. 이 사건 서신개봉행위와 같이 금지물품이 들어 있는지를 확인하기 위하여 서신을 개봉하는 것만으로는 미결수용자와 같은 지위에 있는 수형자 변호인의 조력을 받을 권리를 침해하지 아니한다(2021.10.28. 2019헌마973).

3. 헌법은 70세 이상인 불구속 피의자가 피의자신문을 받을 때 국선변호인을 선정하는 법률을 제정할 것을 명시적으로 위임하고 있지 않다. 헌법 제12조 제4항 본문과 단서의 논리적 관계를 고려할 때 '국선변호인의 조력을 받을 권리'는 **피의자가 아닌** 피고인에게만 보장되는 기본권이다. 따라서 헌법 제12조 제4항이 70세 이상인 불구속 피의자에 대하여 국선변호인의 조력을 받을 권리를 보장하기 위한 입법의무를 명시적으로나 해석상으로 인정할 근거가 없다(2023.2.23. 2020헌마1030). 각하결정

4. 피의자 및 피고인에 대한 변호인의 조력할 권리 중 핵심적인 부분만이 법률상 권리를 넘어 헌법상 기본권으로 보호된다. **피고인의 피해자에 대한 공탁은** 피고인을 조력할 변호인의 권리 중 그것이 보장되지 않으면 피고인이 변호인의 조력을 받는다는 것이 **유명무실하게 되는 핵심적인 부분이라고 보기는 어렵다**(2021. 8. 31. 선고 2019헌마516).

5. 빈곤한 경우에 한해 소송비용 집행면제조항은 변호인의 선임이나 변호 자체를 제한하는 것은 아니므로 변호인의 조력을 받을 권리의 제한 여부는 판단하지 아니한다(2021. 2. 25. 2019헌바64).

09. 사생활의 자유와 개인정보자기결정권

침해인 것

1. 수사기관 등이 전기통신사업자에게 이용자의 성명 등 통신자료의 열람이나 제출을 요청할 수 있도록 한 전기통신사업법 제83조 제3항은 **적법절차원칙에 위배되어 개인정보자기결정권을 침해한다**. 그러나 수사기관 등이 전기통신사업자에게 이용자의 성명 등 통신자료의 열람이나 제출을 요청할 수 있도록 한 전기통신사업법 제83조 제3항은 과잉금지원칙에 위배되지 않는다(2022.7.21. 2016헌마388).

2. 소년에 대한 수사경력자료의 삭제와 보존기간에 대하여 규정하면서 **법원에서 불처분결정된 소년부 송치 사건에 대하여 보존기간을 규정하지 않은** 구 '형의 실효 등에 관한 법률' 제8조의2 제1항 및 제3항은 과잉금지원칙에 반하여 개인정보자기결정권을 침해한다(2021.6.24. 2018헌가2).

3. **변동신고조항 및 이를 위반할 경우 처벌하도록 정한** 보안관찰법 제27조 제2항 중 제6조 제2항 전문에 관한 부분은 신고의무기간의 상한을 정하고 있지 아니하여 과잉금지원칙을 위반하여 청구인의 사생활의 비밀과 자유 및 개인정보자기결정권을 침해한다. 그러나 보안관찰처분대상자가 교도소 등에서 출소한 후 기존에 보안관찰법 제6조 제1항에 따라 신고한 거주예정지 등 대통령령이 정하는 사항에 대해 정보에 변동이 생길 때마다 7일 이내에 이를 신고하도록 정한 보안관찰법 제6조 제2항 전문이 포괄위임금지원칙에 위배된다고 할 수 없다(2021.6.24. 2017헌바479). 헌법불합치결정

침해가 아닌 것

1. **보안관찰처분대상자가 교도소 등에서 출소한 후 7일 이내에 출소사실을 신고하도록** 정한 구 보안관찰법 제6조 제1항 전문 중 출소 후 신고의무에 관한 부분 및 이를 위반할 경우 처벌하도록 정한 보안관찰법은 과잉금지원칙을 위반하여 청구인의 사생활의 비밀과 자유 및 개인정보자기결정권을 침해하지 아니한다(2021.6.24. 2017헌바479).

2. **정보주체의 배우자나 직계혈족이 정보주체의 위임 없이도** 정보주체의 가족관계 상세증명서의 교부청구를 할 수 있도록 하는 '가족관계의 등록 등에 관한 법률' 제14조 제1항 본문 중 '배우자, 직계혈족은 제15조 제1항 제1호에 규정된 가족관계증명서에 대한 상세증명서의 교부를 청구할 수 있다.' 부분은 청구인의 개인정보자기결정권을 침해하지 아니한다(2022. 11.24. 2021헌마130).

● 비교판례 : 가정폭력 가해자에 대한 별도의 제한 없이 **직계혈족이기만 하면** 사실상 자유롭게 그 자녀의 가족관계증명서와 기본증명서의 교부를 청구하여 발급받을 수 있도록 함으로써, 그로 인하여 가정폭력 피해자인 청구인의 개인정보가 가정폭력 가해자인 전 배우자에게 무단으로 유출될 수 있는 가능성을 열어놓고 있다. 따라서 과잉금지원칙에 위배되어 청구인의 개인정보자기결정권을 침해한다(2020. 8. 28. 2018헌마927).

3. 의료기관의 장으로 하여금 보건복지부장관에게 비급여 진료비용에 관한 사항을 보고하도록 한 의료법 제45조의2 제1항 중 '비급여 진료비용'에 관한 부분은 과잉금지원칙에 반하여 의사의 직업수행의 자유와 환자의 개인정보자기결정권을 침해하지 아니한다(2023.2.23. 2021헌마93).

4. 대한적십자사의 회비모금 목적으로 자료제공을 요청받은 국가와 지방자치단체는 특별한 사유가 없으면 그 자료를 제공하여야 한다는 자료제공조항과, 대한적십자사가 요청할 수 있는 자료로 세대주의 성명 및 주소를 규정한 '대한적십자사 조직법 시행령'이 과잉금지원칙에 반하여 청구인들의 개인정보자기결정권을 침해한다고 볼 수 없다(2023.2.23. 2019헌마1404).

5. '개인정보 보호법' 제28조의5는 가명정보의 재식별을 예외 없이 금지함으로써 청구인들의 개인정보자기결정권을 침해하지 않는다(2023.10.26. 2020헌마1477).

6. 인체면역결핍 바이러스에 감염된 사람이 혈액 또는 체액을 통하여 다른 사람에게 **전파매개행위를 하는 것을 금지**하고 이를 위반한 경우를 3년 이하의 징역형으로 처벌한다고 규정한 '후천성면역결핍증 예방법'은 과잉금지원칙을 위반하여 인체면역결핍 바이러스 감염인의 사생활의 자유 및 일반적 행동자유권을 침해하지 아니한다(2023.10.26. 2019헌가30).

10. 거주·이전의 자유

1. 지방병무청장으로 하여금 병역준비역에 대하여 27세를 초과하지 않는 범위에서 단기 국외여행을 허가하도록 한 구 '병역의무자 국외여행 업무처리 규정' 제5조는 27세가 넘은 병역준비역인 청구인의 거주·이전의 자유를 침해하지 않는다(2023. 2.23. 2019헌마1157).

2. 생활의 근거지에 이르지 않는 일시적 이동을 위한 장소의 선택·변경은 거주·이전의 자유에 의하여 보호되는 것이 아니므로 집회 또는 시위를 하기 위하여 인천애(愛)뜰 중 잔디마당과 그 경계 내 부지에 대한 사용허가 신청을 한 경우 인천광역시장이 이를 허가할 수 없도록 제한하는 **인천애(愛)뜰의 사용 및 관리에 관한 조례**에 의하여 거주이전의 자유가 제한되는 것으로 볼 수 없다 (2023.9.26. 2019헌마1417).

11. 통신의 자유

1. 피청구인 교도소장이 법원, 검찰청 등이 청구인에게 보낸 문서를 열람한 행위는 수용자의 통신의 자유를 침해하지 아니한다(2021.9.30. 2019헌마919).

2. 피청구인 교도소장이 **수용자에게 온 서신을 개봉한 행위**는 청구인의 통신의 자유를 침해하지 아니한다(2021.9.30. 2019헌마919). 사생활의 비밀과 자유에 포섭될 수 있는 사적 영역에 속하는 통신의 자유는 헌법이 제18조에서 별도의 기본권으로 보장하고 있으므로, 통신의 자유 침해 여부를 판단하는 이상 **사생활의 비밀과 자유 침해 여부에 관하여는 별도로 판단하지 아니한다**. 피청구인은 청구인에게 온 서신을 개봉하였을 뿐, 청구인의 재판상 권리 행사에 영향을 미칠 의사로 서신의 내용을 열람하거나 청구인의 동일성을 식별할 수 있게 하는 정보를 수집·보관하였다고 볼 근거가 없으므로, 피청구인의 서신개봉행위로 인해 청구인의 **공정한 재판을 받을 권리 및 개인정보자기결정권이 제한된다고 볼 수 없다**.

3. 방송통신심의위원회가 2019.2.11. 주식회사 ○○ 외 9개 정보통신서비스제공자 등에 대하여 895개 웹사이트에 대한 접속차단의 시정을 요구한 행위는 청구인들의 통신의 비밀과 자유 및 알 권리를 침해하지 아니한다(2023.10.26. 2019헌마158).

12. 양심의 자유

1. 국가보안법 제7조 제1항 중 '찬양·고무·선전 또는 이에 동조한 자'에 관한 부분 및 제7조 제5항 중 '제1항 가운데 찬양·고무·선전 또는 이에 동조할 목적으로 제작·소지·운반·반포 또는 취득한 자'에 관한 부분은 헌법에 위반되지 않는다(2023.9.26. 2017헌바42등).

2. 이적행위조항에 의해 양심의 자유 내지는 사상의 자유가 제한되는 측면이 있기는 하나, 이적행위조항이 행위자가 내심의 영역에서 **양심을 형성시키거나 사상을 발전시켜 나가고자 하는 자유 그 자체를 직접 제한하는 것은 아니며 찬양·고무·선전·동조 등을 통해 외부로 표출된 양심이나 사상은 표현의 자유의 보호범위에 포섭된다.** 또한 이적행위조항으로 인한 학문·예술의 자유의 제한 역시 표현행위 자체를 제한함으로 인한 것이다. 따라서 이적행위조항의 위헌성은 표현의 자유 침해 여부를 기준으로 판단하면 족하다(2023.9.26. 2017헌바42등).

13. 종교의 자유

1. 논산훈련소장이 개인의 자율적이고 자발적인 신앙생활이나 종교활동을 보장하는 것을 넘어, 개인의 의사에 반하여 종교행사에 참석하도록 강제하는 방법으로 군인의 정신적 전력을 제고하는 것은, 국가와 종교의 상호 분리를 요청하는 정교분리원칙에 정면으로 위배하여 종교의 자유를 침해한다(2022.11.24. 2019헌마941).

2. 논산훈련소장이 이 사건 종교행사 참석조치를 통하여 궁극적으로는 군인의 정신적 전력을 강화하고자 하였다고 볼 수 있는바, 일응 그 목적의 정당성을 인정할 여지가 있다. 그러나 이 사건 종교행사 참석조치는 그 수단의 적합성을 인정할 수 없다(2022.11.24. 2019헌마941).

3. 독학학위 취득시험의 시험일을 일요일로 정한 2021년도 독학에 의한 학위취득시험 시행 계획 공고는 청구인의 종교의 자유를 침해하지 아니한다(2022.12.22. 2021헌마271).

4. 연 2회 실시하는 2021년도 간호조무사 국가시험의 시행일시를 모두 토요일 일몰 전으로 정한 2021년도 간호조무사 국가시험 시행계획 공고는 청구인의 종교의 자유를 침해하지 아니한다 (2023.6.29. 2021헌마171).

14. 학문·예술의 자유

1. 교원, 직원, 학생 등 대학평의원회의 각 구성단위에 속하는 평의원의 수가 전체 평의원 정수의 2분의 1을 초과할 수 없도록 규정한 구 고등교육법 제19조의2 제2항 후문은 국·공립대학 교수회 및 교수들의 대학의 자율권을 침해한다고 볼 수 없다(2023.10.26. 2018헌마872).

2. 법률에 따라 국내에서 출원공개된 경우 신규성 상실의 예외를 제한하는 디자인보호법 제36조 제1항 단서 중 '법률에 따라 국내에서 출원공개된 경우'에 관한 부분이 입법형성권의 한계를 일탈하였다고 보기 어렵다(2023.7.20. 2020헌바497).

15. 표현의 자유

보호영역과 제한

1. 헌법 제21조 제4항 전문은 "언론·출판은 타인의 명예나 권리 또는 공중도덕이나 사회윤리를 침해하여서는 아니 된다."라고 규정한다. 이는 언론·출판의 자유에 따르는 책임과 의무를 강조하는 동시에 **언론·출판의 자유에 대한** 제한의 요건을 **명시한 규정일 뿐, 헌법상 표현의 자유의 보호영역에 대한** 한계를 설정한 것이라고 볼 수는 없으므로 공연한 사실의 적시를 통한 명예훼손적 표현 역시 표현의 자유의 보호영역에 해당한다(2021.2.25. 2017헌마1113).

2. 집회 또는 시위를 하기 위하여 인천애(愛)뜰 중 잔디마당과 그 경계 내 부지에 대한 사용허가 신청을 한 경우 인천광역시장이 이를 허가할 수 없도록 제한하는 인천애(愛)뜰의 사용 및 관리에 관한 조례는 집회에 대한 허가제를 규정하였다고 보기 어려우므로, 헌법 제21조 제2항 위반 주장에 대해서는 나아가 살펴보지 않기로 한다(2023.9.26. 2019헌마1417).

3. 신문의 편집인 등으로 하여금 아동보호사건에 관련된 아동학대행위자를 특정하여 파악할 수 있는 인적 사항 등을 신문 등 출판물에 싣거나 방송매체를 통하여 방송할 수 없도록 하는 '아동학대범죄의 처벌 등에 관한 특례법'은 언론·출판의 자유와 알 권리를 제한한다(2022.10.27. 2021헌가4).

4. 남북합의서 위반행위로서 전단등 살포를 하여 국민의 생명·신체에 위해를 끼치거나 심각한 위험을 발생시키는 것을 금지하는 남북관계 발전에 관한 법률 제24조 제1항 제3호로 한반도 군사분계선 이남 지역에 거주하고 있는 청구인들의 알 권리는 제한되지 않는다(2023.9.26. 2020헌마1724).

5. **변호사 광고금지는** 언론·출판의 자유와 직업수행의 자유도 동시에 제한하게 된다. 재산권을 제한한다고 보기 어렵다. 변호사 광고금지에 대해 헌법 제119조에 관한 주장 역시 직업의 자유 침해 여부에 대하여 심사하는 것으로 충분하므로 별도로 판단하지 않는다(2022.5.26. 2021헌마619).

침해인 것

1. 인터넷언론사는 선거운동기간 중 당해 홈페이지 게시판 등에 정당·후보자에 대한 지지·반대 등의 정보를 게시하는 경우 실명을 확인받는 기술적 조치를 하도록 정한 공직선거법 조항은 과잉금지원칙에 위반하여 게시판 등 이용자의 익명표현의 자유 및 개인정보자기결정권과 인터넷언론사의 언론의 자유를 침해한다(2021.1.28. 2018헌마456). ***명확성원칙에 반하지 않는다.**

2. 정치자금법에 따라 회계보고된 자료의 열람기간을 3월간으로 제한한 정치자금법 제42조 제2항 본문 중 '3월간' 부분이 과잉금지원칙에 위배되어 청구인 신○○의 알 권리를 침해한다(2021.5.27. 2018헌마1168).

3. 남북합의서 위반행위로서 전단등 살포를 하여 국민의 생명·신체에 위해를 끼치거나 심각한 위험을 발생시키는 것을 금지하는 남북관계 발전에 관한 법률 제24조 제1항 제3호 및 이에 위반한 경우 처벌하는 같은 법 제25조 중 제24조 제1항 제3호에 관한 부분에 대해 표현의 내용을 제한하는 결과를 가져오는바, 국가가 표현 내용을 규제하는 것은 원칙적으로 중대한 공익의 실현을 위하여 불가피한 경우에 한하여 허용되고, 특히 정치적 **표현의 내용 중에서도 특정한 견해, 이념, 관점에 기초한 제한은 과잉금지원칙 준수 여부를 심사할 때 더 엄격한 기준이 적용되어야 한다. 과잉금지원칙에 위배되어 청구인들의 표현의 자유를 침해한다.** 그러나 남북합의서 위반행위로서 전단등 살포를 하여

국민의 생명·신체에 위해를 끼치거나 심각한 위험을 발생시키는 것을 금지하는 남북관계 발전에 관한 법률은 표현물의 제출의무를 부과하지 않아 행정권의 **사전심사절차가 아니므로** 헌법 제21조 제2항이 금지하고 있는 '검열'에 해당한다고 보기는 어렵다(2023.9.26. 2020헌마1724).

4. 사회복무요원의 '**그 밖의 정치단체에 가입하는** 등 정치적 목적을 지닌 행위'를 금지한 병역법은 명확성원칙에 위배된다(2021.11.25. 2019헌마534). *정당가입금지는 합헌임

5. 정보위원회 회의는 공개하지 아니한다고 정하고 있는 국회법 제54조의2 제1항 본문이 의사공개원칙에 위배되어 청구인들의 알 권리를 침해를 침해한다(2022.1.27. 2018헌마1162).

6. 변호사 또는 소비자로부터 금전·기타 경제적 대가(알선료, 중개료, 수수료, 회비, 가입비, 광고비 등 명칭과 정기·비정기 형식을 불문한다)를 받고 **변호사등을 광고·홍보·소개하는 행위를 금지한** 변호사 광고에 관한 규정은 과잉금지원칙에 위반하여 청구인들의 표현의 자유, 직업의 자유를 침해한다(2022.5.26. 2021헌마619). *재산권 제한은 아님

7. **협회의 유권해석에 반하는 내용의 광고를 금지하는** 변호사 광고에 관한 규정, 협회의 회규, 유권해석에 위반되는 행위를 목적 또는 수단으로 하여 행하는 법률상담 광고를 금지하는 변호사 광고에 관한 규정이 법률유보원칙을 위반하여 청구인들의 표현의 자유, 직업의 자유를 침해한다(2022.5.26. 2021헌마619).

8. **대통령관저, 국회의장 공관의 경계 지점으로부터 100미터 이내의 장소에서의 옥외집회 또는 시위를 일률적으로 금지하고**, 이를 위반한 집회·시위의 참가자를 처벌하는 구 '집회 및 시위에 관한 법률'은 입법목적 달성을 위한 적합한 수단이다. 그러나 일률적으로 집회를 금지하고 있으므로 피해의 최소성에 반하여 집회의 자유를 침해한다(2022.12.22. 2018헌바48 ; 2023.3.23. 2021헌가1).

9. 시청사 보호를 위한 방호인력을 확충하고 청사 입구에 보안시설물을 설치하는 등의 대책을 마련함으로써, 잔디마당에서의 집회·시위를 전면적으로 제한하지 않고도 입법목적을 충분히 달성할 수 있다. 그럼에도 불구하고 집회 또는 시위를 하기 위하여 인천애(愛)뜰 중 잔디마당과 그 경계 내 부지에 대한 사용허가 신청을 한 경우 **인천광역시장이 이를 허가할 수 없도록 제한하는** 인천애(愛)뜰의 사용 및 관리에 관한 조례는 **과잉금지원칙에 위배되어** 청구인들의 집회의 자유를 침해한다(2023.9.26. 2019헌마1417). 다만, 조례에 대한 법률의 위임은 법규명령에 대한 법률의 위임과 같이 반드시 구체적으로 범위를 정할 필요가 없으며, 포괄적으로도 할 수 있다. 이 사건 조례는 지방자치법 제13조 제2항 제1호 자목 및 제5호 나목 등에 근거하여 인천광역시가 소유한 공유재산이자 공공시설인 인천애뜰의 사용 및 관리에 필요한 사항을 규율하기 위하여 제정되었고, 심판대상조항

은 잔디마당과 그 경계 내 부지의 사용 기준을 정하고 있다. 그렇다면 심판대상조항은 법률의 위임 내지는 법률에 근거하여 규정된 것이라고 할 수 있으므로 **법률유보원칙에 위배되지 않는다.**

> 침해가 아닌 것

1. '변호사의 공공성이나 공정한 수임질서를 해치거나 소비자에게 피해를 줄 우려가 있는 광고에 참여 또는 협조하여서는 아니 된다'는 변호사 광고에 관한 규정은 법률유보원칙에 위배되지 아니한다 (2022.5.26. 2021헌마619).

2. '공정한 수임질서를 저해할 우려가 있는 무료 또는 부당한 염가' 법률상담 방식에 의한 광고를 금지하는 변호사 광고에 관한 규정은 법률유보원칙에 위배에 위배되지 아니한다(2022.5.26. 2021헌마619).

3. 수사기관과 행정기관의 처분·법원 판결 등의 결과 예측을 표방하는 광고와 변호사등이 아님에도 수사기관과 행정기관의 처분·법원 판결 등의 결과 예측을 표방하는 서비스를 취급·제공하는 행위를 금지하는 변호사 광고에 관한 규정은 과잉금지원칙에 위반되지 아니한다(2022.5.26. 2021헌마619).

4. 변호사 또는 소비자로부터 금전·기타 경제적 대가(알선료, 중개료, 수수료, 회비, 가입비, 광고비 등 명칭과 정기·비정기 형식을 불문한다)를 받고 법률상담 또는 사건 등을 소개·알선·유인하기 위하여 변호사등과 소비자를 연결하는 행위를 금지하는 변호사 광고규정은 과잉금지원칙에 위반하지 아니한다(2022.5.26. 2021헌마619).

5. 국가기관, 지방자치단체, '공공기관의 운영에 관한 법률' 제5조 제3항에 따른 **공기업·준정부기관 및 '지방공기업법'에 따른 지방공사·지방공단으로 하여금 정보통신망 상에 게시판을** 설치·운영하려면 게시판 이용자의 본인 확인을 위한 방법 및 절차의 마련 등 대통령령으로 정하는 필요한 조치를 하도록 규정한 '정보통신망 이용촉진 및 정보보호 등에 관한 법률'은 익명표현의 자유를 침해하지 않는다(2022.12.22. 2019헌마654). ***인터넷언론사 게시판 실명제는 표현의 자유침해**

6. 공정거래위원회의 처분과 관련된 자료를 대상으로 한 당사자의 열람·복사 요구에 대하여 공정위로 하여금 자료를 제출한 자의 동의가 있거나 공익상 필요하다고 인정할 때에는 이에 응하도록 한 구 '독점규제 및 공정거래에 관한 법률'은 과잉금지원칙에 위반되어 알 권리를 침해하지 않는다 (2023.7.20. 2019헌바417).

7. 사람을 비방할 목적으로 정보통신망을 통하여 공공연하게 사실을 드러내어 다른 사람의 명예를 훼손한 자를 형사처벌하도록 규정한 것은 표현의 자유를 침해하지 아니한다(2023.9.26. 2021헌바281).

8. 공연히 사실을 적시하여 사람의 명예를 훼손한 자를 형사처벌하도록 규정한 형법 제307조 제1항이 표현은 자유를 침해를 침해하지 아니한다(2021.2.25. 2017헌마1113).

9. 사람을 비방할 목적으로 정보통신망을 통하여 공공연하게 거짓의 사실을 드러내어 다른 사람의 명예를 훼손한 자를 형사처벌하도록 규정한 정보통신망 이용촉진 및 정보보호 등에 관한 법률은 과잉금지원칙에 반하여 표현의 자유를 침해하지 아니한다(2021.3.25. 2015헌바438).

10. '집회' 개념이 불명확하여, 옥외집회의 사전신고제도를 규정한 구 '집회 및 시위에 관한 법률' 제6조 제1항 본문 중 '옥외집회'에 관한 부분 및 그 위반시 처벌을 규정한 '집회 및 시위에 관한 법률' 제22조 제2항 중 제6조 제1항 본문 가운데 '옥외집회'에 관한 부분은 죄형법정주의의 명확성원칙과 과잉금지원칙에 위배되지 않는다(2021.6.24. 2018헌마663).

11. 운송사업자로 구성된 협회로 하여금 연합회에 강제로 가입하게 하고 임의로 탈퇴할 수 없도록 하는 '화물자동차 운수사업법' 제50조 제1항은 결사의 자유를 침해한다고 볼 수 없다(2022.2.24. 2018헌가8).

12. 신문의 편집인 등으로 하여금 아동보호사건에 관련된 아동학대행위자를 특정하여 파악할 수 있는 인적 사항 등을 신문 등 출판물에 싣거나 방송매체를 통하여 방송할 수 없도록 하는 '아동학대범죄의 처벌 등에 관한 특례법' 제35조 제2항 중 '아동학대행위자'에 관한 부분은 언론·출판의 자유, 국민의 알 권리를 침해하지 않는다(2022.10.27. 2021헌가4).

13. 사회복무요원의 정당가입금지는 법익의 균형성에도 위배되지 않는다(2021.11.25. 2019헌마534).

14. 정보통신망을 통하여 음란한 화상 또는 영상을 공공연하게 전시하여 유통하는 것을 금지하고 이를 위반하는 자를 처벌하도록 정한 '정보통신망 이용촉진 및 정보보호 등에 관한 법률'은 과잉금지원칙에 위배되어 표현의 자유를 침해하지 않는다(2023.2.23. 2019헌바305).

15. 대한민국을 방문하는 외국의 국가 원수를 경호하기 위하여 지정된 경호구역 안에서 서울종로경찰서장이 안전 활동의 일환으로 청구인들의 삼보일배행진을 제지한 행위 등이 청구인들의 집회 또는 시위의 자유를 침해하였다고 할 수 없다(2021.10.28. 2019헌마1091).

16. **농협중앙회장 선출행위**는 결사 내 업무집행 및 의사결정기관의 구성에 관한 자율적인 활동이라 할 수 있으므로 이는 **결사의 자유의 보호범위에 속한다.** 농업협동조합중앙회회장선거의 관리를 선거관리위원회법에 따른 중앙선거관리위원회에 위탁하도록 한 농업협동조합법은 결사의 자유를 침해한다고 볼 수 없다(2023.5.25. 2021헌바136). ***농협중앙회장 선출행위는 선거권에서 보호되지 않음**

17. 외교기관 인근의 옥외집회 또는 시위를 예외적으로 허용하는 구 '집회 및 시위에 관한 법률'은 헌법 제21조 제2항의 허가제 금지에 위배되지 않는다. 또한 과잉금지원칙에 위반하여 집회의 자유를 침해하지 않는다(2023.7.20. 2020헌바131).

16. 재산권

보호영역

1. **육아휴직 급여수급권**은 경제적 가치가 있는 권리로서 헌법 제23조에 의하여 보장되는 재산권의 성격도 가지고 있다(2023.2.23. 2018헌바240).

2. 청구인들이 이 사건 주택특별공급을 신청할 수 있는 지위에 있었다고 하더라도 이는 그 자체로 어떠한 확정적인 권리를 취득한 것이 아니라, 이 사건 주택특별공급에 당첨될 수 있을 것이라는 단순한 기대이익을 가진 것에 불과하므로, **행정중심복합도시 예정지역 공급주택의 이전기관 종사자 특별공급 비율 폐지고시**가 청구인들의 **재산권을 침해할 가능성은 인정되지 않는다**(2022.12.22. 2021헌마902).

3. 택시운송사업자의 영리 획득의 기회나 사업 영위를 위한 사실적·법적 여건은 헌법상 보장되는 재산권에 속하지 아니한다. 따라서 일반택시운송사업에서 운전업무에 종사하는 **근로자의 최저임금에 산입되는 임금의 범위**는 생산고에 따른 임금을 제외한 대통령령으로 정하는 임금으로 하도록 한 최저임금법이 택시운송사업자의 **재산권을 제한한다고 볼 수 없다**(2023. 2.23. 2020헌바1).

4. 헌법 제23조 **집합제한 조치로 발생한 손실을 보상하는 규정을 두지 않은** 구 '감염병의 예방 및 관리에 관한 법률'로 청구인들이 소유하는 영업 시설·장비 등에 대한 구체적인 사용·수익 및 처분권한을 제한받는 것은 아니므로, 보상규정의 부재가 청구인들의 재산권을 제한한다고 볼 수 없다(2023.6.29. 2020헌마1669).

헌법 제23조 제3항

1. 통일부장관이 2010.5.24. 발표한 북한에 대한 신규투자 불허 및 진행 중인 사업의 투자확대 금지 등을 내용으로 하는 대북조치는 헌법 제23조 제3항 소정의 재산권의 공용제한에 해당하지 않는다(2022.5.26. 2016헌마95).

2. 토지구획정리사업에 있어 **학교교지를 환지처분의 공고가 있은 다음 날에 국가 등에 귀속하게 하되, 유상으로 귀속되도록 한** 구 토지구획정리사업법 제63조는 헌법 제23조 제3항의 수용에 해당하지 않고, 유상조항이 수용에 대한 보상의 의미를 가지는 것도 아니므로, 그 위헌 여부에 관하여 정당한 보상의 원칙에 위배되는지는 문제되지 않는다(2021.4.29. 2019헌바444).

3. **개성공단 전면중단 조치**는 공익 목적을 위하여 개별적, 구체적으로 형성된 구체적인 재산권의 이용을 제한하는 **공용 제한이 아니므로**, 이에 대한 정당한 보상이 지급되지 않았다고 하더라도, 그 조치가 헌법 제23조 제3항을 위반하여 개성공단 투자기업인 청구인들의 재산권을 침해한 것으로 볼 수 없다(2022.1.27. 2016헌마364).

4. 통일부장관이 2010.5.24. 발표한 북한에 대한 신규투자 불허 및 진행 중인 사업의 투자확대 금지 등을 내용으로 하는 대북조치로 인해 재산상 손실에 대하여 보상규정을 두어야 할 입법의무가 도출된다고 할 수 없다(2022.5.26. 2016헌마95).

침해인 것

1. '취소사유'는 '처분요건'과 균형이 맞도록 규정되어야 한다. 또한 무죄판결이 확정되기 전이라도 하급심 법원에서 무죄판결이 선고되는 경우에는 그때부터 일정 부분에 대하여 요양급여비용을 지급하도록 할 필요가 있다. 요양기관이 의료법 제33조 제2항을 위반하였다는 사실을 수사기관의 수사 결과로 확인한 경우 공단으로 하여금 해당 요양기관이 청구한 **요양급여비용의 지급을 보류할 수 있도록 규정한** 구 국민건강보험법 제47조의2 제1항은 의료기관 개설자의 재산권을 침해한다(2023.3.23. 2018헌바433). 다만, 이 사건 지급보류조항은 사후적인 부당이득 환수절차의 한계를 보완하고, 건강보험의 재정 건전성이 악화될 위험을 방지하고자 마련된 조항으로서, 사무장병원일 가능성이 있는 요양기관이 일정 기간 동안 요양급여비용을 지급받지 못하는 불이익을 받더라도 이

를 두고 유죄의 판결이 확정되기 전에 죄 있는 자에 준하여 취급하는 것이라고 보기 어렵다. 따라서 이 사건 지급보류조항은 무죄추정의 원칙에 위반된다고 볼 수 없다.

* 의료급여기관이 의료법 제33조 제2항을 위반하였다는 사실을 수사기관의 수사 결과로 확인한 경우 시장·군수·구청장으로 하여금 해당 의료급여기관이 청구한 의료급여비용의 지급을 보류할 수 있도록 규정한 **의료급여법** 제11조의5 제1항 중 '의료법 제33조 제2항'에 관한 부분이 의료급여기관 **개설자의 재산권을 침해한다**(2024. 6. 27. 2021헌가19). *재판청구권 제한은 아님

2. 연금 지급을 정지하기 위해서는 '연금을 대체할 만한 소득'이 전제되어야 한다. 지방의회의원이 받는 의정비 중 의정활동비는 의정활동 경비 보전을 위한 것이므로, 연금을 대체할 만한 소득이 있는지 여부는 월정수당을 기준으로 판단하여야 하는데, 월정수당은 지방자치단체에 따라 편차가 크고 안정성이 낮음에도 불구하고 심판대상조항은 연금을 대체할 만한 적정한 소득이 있다고 할 수 없는 경우에도 일률적으로 연금전액의 지급을 정지하여 지급정지제도의 본질 및 취지와 어긋나는 결과를 초래한다. **선출직 공무원으로서 받게 되는 보수가 기존의 연금에 미치지 못하는 경우에도 연금 전액의 지급을 정지하도록 정한** 구 공무원연금법 제47조 제1항 제2호 중 '지방의회의원'에 관한 부분은 과잉금지원칙에 위배되어 재산권을 침해한다(2022.1.27. 2019헌바161).

> 침해가 아닌 것

1. 특별관리지역 지정 이전부터 공공주택 특별법 또는 '개발제한구역의 지정 및 관리에 관한 특별조치법'에 따른 적법한 허가 등을 거치지 아니하고 설치하거나 용도변경한 건축물 등에 대한 시정명령을 이행하지 아니한 경우 이행강제금을 부과함에 있어 그 부과기준에 대하여 개발제한구역법 제30조의2 제1항 및 제4항을 준용하는 공공주택 특별법 제6조의5 제2항이 재산권을 침해한다고 할 수 없다(2021.4.29. 2018헌바516).

2. 토지구획정리사업에 있어 학교교지를 환지처분의 공고가 있은 다음 날에 국가 등에 귀속하게 한 귀속조항이 과잉금지원칙에 위배되어 사업시행자의 재산권을 침해한다고 할 수 없다(2021.4.29. 2019헌바444).

3. 경유를 연료로 사용하는 자동차의 소유자로부터 환경개선부담금을 부과·징수하도록 정한 환경개선비용 부담법 제9조 제1항이 과잉금지원칙을 위반하여 경유차 소유자의 재산권을 침해한다고 볼 수 없다(2022.6.30. 2019헌바440).

4. 재혼을 유족연금수급권 상실사유로 규정한 구 공무원연금법 제59조 제1항 제2호 중 '유족연금'에 관한 부분이 재혼한 배우자의 인간다운 생활을 할 권리와 재산권을 침해하였다고 볼 수 없다(2022.8.31. 2019헌가31).

5. 육아휴직 급여를 육아휴직이 끝난 날 이후 12개월 이내에 신청하도록 한 고용보험법 제70조 제2항은 육아휴직 급여수급권자의 인간다운 생활을 할 권리나 재산권을 침해한다고 볼 수 없다 (2023.2.23. 2018헌바240).

6. 임대주택 임대사업자로 하여금 특별수선충당금 전부를 적립하도록 규정한 구 임대주택법 제17조는 재산권을 침해하지 아니한다(2023.5.25. 2019헌바132).

7. 개성공단
    가. 피청구인 대통령이 2016.2.10.경 개성공단의 운영을 즉시 전면 중단하기로 결정하고, 피청구인 통일부장관은 피청구인 대통령의 지시에 따라 철수계획을 마련하여 관련 기업인들에게 통보한 다음 개성공단 전면중단 성명을 발표하고, 이에 대응한 북한의 조치에 따라 개성공단에 체류 중인 국민들 전원을 대한민국 영토 내로 귀환하도록 한 일련의 행위로 이루어진 개성공단 전면중단 조치가 헌법소원심판의 대상이 될 수 있다.
    나. 국민의 기본권 제한과 직접 관련된 공권력의 행사는 고도의 정치적 고려가 필요한 대통령의 행위라도 국민의 기본권 보장을 사명으로 하는 헌법재판소 본연의 임무이므로, 그 한도에서 헌법소원심판의 대상이 될 수 있다고 보아야 한다. 따라서 이 사건 중단조치에 대한 헌법소원심판이 사법심사가 배제되는 행위를 대상으로 한 것이어서 부적법하다고는 볼 수 없다.
    다. 헌법 제66조, 정부조직법 제11조도 피청구인 대통령이 관여한 이 사건 중단조치의 헌법적, 법률적 근거가 될 수 있다.
    라. 이 사건 중단조치가 긴급재정경제처분·명령의 형태로 취해지지 않았다고 하더라도 헌법과 법률에 근거하지 않은 조치라고 볼 수는 없다.
    마. 대통령이 개성공단의 운영 중단 결정 과정에서 국무회의 심의를 거치지 않았더라도 그 결정에 헌법과 법률이 정한 절차를 위반한 하자가 있다거나, 적법절차원칙에 따라 필수적으로 요구되는 절차를 거치지 않은 흠결이 있다고 할 수 없다.
    바. 개성공단 전면중단 조치가 과잉금지원칙을 위반하여 청구인들의 영업의 자유와 재산권을 침해하지 아니한다.
    사. 개성공단 전면중단 조치가 신뢰보호원칙을 위반하여 청구인들의 영업의 자유와 재산권을 침해하지 아니한다(2022.1.27. 2016헌마364).

17. 직업의 자유

> 침해인 것

1. **소송사건의 대리인인 변호사가 수형자를 접견하고자 하는 경우 소송계속 사실을 소명할 수 있는 자료를 제출하도록 규정하고 있는 '형의 집행 및 수용자의 처우에 관한 법률 시행규칙'**

   가. 직업수행의 자유를 제한하나 접견의 상대방인 수형자의 재판청구권이 제한되는 효과도 함께 고려되어야 하므로, 그 심사의 강도는 일반적인 경우보다 엄격하게 해야 할 것이다.

   나. 심판대상조항은 '집사 변호사' 등의 접견권 남용을 방지하고 수용질서와 규율을 유지하며, 수형자의 변호사접견을 원활하게 하기 위해 정당한 입법목적을 가진다. 그러나 집사 변호사는 불필요한 소송을 제기해 접견권을 이용할 수 있으며, 수형자도 자력이 충분하면 이를 이용할 수 있다. 반면, 진지하게 소송을 준비하는 변호사와 수형자는 충분한 접견이 필요하지만, 심판대상조항은 이를 제한하여 수형자의 재판청구권 행사를 어렵게 한다. 따라서 심판대상조항은 변호사의 접견권 남용 방지에 실효적이지 않으며, **수단의 적합성이 인정되지 않는다.** 이미 시간과 횟수가 제한된 변호사접견과 달리, 변호사접견을 금지하는 심판대상조항은 불필요하게 변호사접견을 제한하며, 문제를 사후적으로 제재할 방법이 이미 마련되어 있다. 소송준비의 필요성과 관계없는 예외 조항들이 있어 침해의 최소성 원칙에 위배된다. 변호사접견 제한으로 인한 공익은 크지 않으며, 변호사와 수형자의 권리가 과도하게 침해된다. 일반접견의 시간과 조건이 변호사접견에 비해 크게 불리하여 수형자의 재판청구권이 심각하게 제한된다(2021.10.28. 2018헌마60).

2. **시설경비업을 허가받은 경비업자로 하여금 허가받은 경비업무 외의 업무에 경비원을 종사하게 하는 것을 금지하고, 이를 위반한 경비업자에 대한 허가를 취소하도록 정하고 있는 경비업법**은 시설경비업무에 종사하는 경비원으로 하여금 경비업무에 전념하게 하여 국민의 생명·신체 또는 재산에 대한 위험을 방지하고자 하는 것으로 입법목적의 정당성 및 수단의 적합성은 인정된다. 그러나 비경비업무의 수행이 경비업무의 전념성을 직접적으로 해하지 아니하는 경우가 있음에도 불구하고, 심판대상조항은 경비업무의 전념성이 훼손되는 정도를 고려하지 아니한 채 경비업자가 경비원으로 하여금 비경비업무에 종사하도록 하는 것을 일률적·전면적으로 금지한다는 점에서는 최소성원칙에 위반하여 직업의 자유를 침해한다(2023.3.23. 2020헌가19).

3. **법무부장관이 2020.11.23.에 한 '코로나19 관련 제10회 변호사시험 응시자 유의사항 등 알림' 중 코로나바이러스감염증-19확진환자의 시험 응시 금지**

   이 사건 응시제한은 감염병 확산 방지와 공중보건 확보를 위해 정당한 목적을 가진다. 또한, 확진환자와 다른 응시자 간의 접촉을 차단해 시험의 안정적 운영에 기여하므로 수단의 적합성도 인정된다. 그러나 확진환자가 의료기관이나 생활치료센터 등에서 시험을 치를 수 있도록 하면 감염병 확산 방지와 응시 기회 보장이 모두 가능하다. 대학수학능력시험에서도 확진환자 응시를 허용한 사례가 있으므로, 이 대안이 시험 운영에 문제를 일으킨다고 할 수 없다. 따라서 확진환자 응시금지는 피해의 최소성을 충족하지 못한다. 청구인들의 직업선택의 자유를 침해한다(2023.2.23. 2020헌마1736).

4. **집단급식소에 근무하는 영양사의 직무를 규정한 조항인 식품위생법 제52조 제2항을 위반한 자를 처벌하는 식품위생법 제96조**
   5인 : 처벌조항은 집단급식소 영양사의 직무를 포괄적으로 규정해 처벌범위가 지나치게 광범위하고 불명확하다. 이는 입법자가 영양사의 직무범위 규정과 처벌 구성요건을 하나의 조항으로 규율하려 했기 때문이며, 구체적인 기준이 부족해 죄형법정주의의 **명확성원칙에 위반된다**
   2인 : 처벌조항은 집단급식소 영양사의 직무를 포괄적으로 규정하여, 직무수행조항을 위반하면 형사처벌하도록 하고 있다. 이는 법규범의 의미가 명확하여 예측 가능성을 제공하지만, 형사제재의 필요성이 인정되지 않는 행위까지 처벌대상으로 삼아 과도하다. 결과적으로, 영양사는 경중이나 사회적 해악의 유무에 상관없이 직무를 불이행하면 형사처벌 위험에 노출되며, 이는 **과잉금지원칙에 위반된다**(2023.3.23. 2019헌바141).

> 침해가 아닌 것

1. **민사재판, 행정재판, 헌법재판 등에서 소송사건의 대리인이 되려고 하는 변호사는 아직 소송대리인으로 선임되기 전이라는 이유로 접촉차단시설이 설치된 장소에서 일반접견의 형태로 수용자를 접견하도록 한 '형의 집행 및 수용자의 처우에 관한 법률 시행령'**
   가. 변호사인 청구인의 직업수행의 자유를 제한한다. 변호사인 청구인의 직업수행의 자유를 침해하는지 여부를 판단함에 있어 검토하는 것으로 충분하고, 재판청구권 침해 여부를 따로 판단하지 않는다.
   나. 소송대리인 선임 여부를 확정하는 단계에서 접촉차단시설이 설치된 장소에서의 접견은 의사소통에 큰 지장을 주지 않는다. 소송대리인이 되려는 변호사에게 소송대리인과 동일한 접견을 허용하면 악용될 우려가 있으며, 이미 선임된 소송대리인과의 차이를 고려해 달리 취급할 필요가 있다. 민사·행정 소송사건은 형 집행의 직접적 원인과 관련되지 않아 접견 방법에 특례를 둘 필요가 없다. 따라서 심판대상조항은 변호사의 직업수행의 자유를 침해하지 않는다(2022.2.24. 2018헌마1010).
   * 5인의 인용의견 : 수용자가 변호사를 소송사건의 대리인으로 선임하는 단계는 재판 준비의 출발점으로, 충분한 정보 제공과 의사소통, 비밀유지가 필요하다. 그러나 심판대상조항은 접촉차단시설이 설치된 장소에서 접견하도록 해 의사소통과 비밀유지를 제한, 수용자의 효율적 권리구제와 변호사의 업무활동을 방해한다. 특히 수용자가 교정시설을 상대로 소송을 제기할 때, 접촉차단시설로 인한 문서 송부는 비밀유지에 문제를 일으킬 수 있다. 따라서 심판대상조항은 과잉금지원칙에 반해 변호사의 직업수행의 자유를 침해한다.

2. 변호사의 자격이 있는 자에게 더 이상 세무사 자격을 부여하지 않는 구 세무사법은 직업선택의 자유를 침해한다고 볼 수 없다(2021.7.15. 2018헌마27).

3. 변호사시험에 응시하려는 사람이 납부하여야 할 응시 수수료를 일률적으로 20만원으로 정하고 있는 변호사시험법 시행규칙은 직업의 자유를 침해하지 않는다(2021.10.28. 2020헌마1283).

4. **안경사면허를 가진 자연인에게만 안경업소의 개설 등을 할 수 있도록 한 구 의료기사 등에 관한 법률**
   가. 자연인 안경사와 법인의 직업의 자유를 제한한다. 사안과 가장 밀접한 관계에 있고 또 침해의 정도가 큰 주된 기본권인 직업의 자유 침해 여부를 심사하는 이상 결사의 자유 침해 여부는 별도로 판단하지 않는다.
   나. 안경업소 개설을 자연인 안경사로 한정하는 것은 국민 보건, 안경사 업무의 전문성, 고객과의 신뢰 구축을 위해 필요하다. 법인 안경업소 허용 시 무면허자 고용, 서비스 질 하락, 독과점으로 인한 문제 발생 우려가 있으며, 안경사들은 협동조합 등으로 조직화 효과를 누릴 수 있다. 따라서 심판대상조항은 과잉금지원칙에 반하지 않으며, 직업의 자유를 침해하지 않는다(2021.6.24. 2017헌가31).
   * 5인의 불합치의견 : 심판대상조항은 안경사 자격을 가진 자연인에게만 안경업소 개설을 허용하고 법인 형태의 안경업소 개설을 금지하고 있다. 그러나 법인 허용 시 우려되는 지나친 영리추구나 무면허자에 의한 부정적 효과는 개설 주체보다는 안경사의 전문성과 책임성 유지 여부에 달려 있다. 안경사들로만 구성된 법인 형태의 안경업소 개설을 허용하지 않는 것은 직업의 자유에 대한 필요 이상의 제한이며, 침해의 정도가 상당하여 과잉금지원칙에 반한다.
   ● 비교판례: 약사법 제16조 제1항은 자연인 약사만이 약국을 개설할 수 있도록 규정해 약사가 아닌 자연인 및 일반법인은 물론, **약사들로만 구성된 법인의 약국 설립도 금지하고 있다**. 국민의 보건을 위해 약을 취급하고 판매하는 사람은 반드시 약사여야 하지만, 약국 개설과 운영을 자연인 약사에게만 허용할 합리적 이유는 없다. 법인의 설립은 직업선택의 자유의 본질적 부분이므로, 정당한 이유 없이 약사들만으로 구성된 법인에게 약국 개설을 금지하는 것은 과도한 제한으로 직업선택의 자유와 결사의 자유를 침해한다. 변호사, 공인회계사 등 다른 전문직과 달리 약사에게만 이를 금지하는 것은 평등권을 침해하는 것이다(헌재 2002. 9. 19. 2000헌바84).

5. 의료인의 의료기관 중복 개설을 금지하는 의료법이 의료인의 직업수행의 자유를 침해한다고 볼 수 없다(2021.6.24. 2019헌바342).
   ● 비교판례 : **의사와 한의사의 복수면허를 가진 의료인의 복수병원금지는 복수면허 의료인의 직업의 자유를 침해한다**(2007. 12. 27. 선고 2004헌마1021).

6. 주류 판매업면허를 받은 자가 타인과 동업 경영을 하는 경우 관할 세무서장이 해당 주류 판매업자의 면허를 필요적으로 취소하도록 한 구 주세법은 판매면허업자의 직업의 자유를 침해하지 않는다(2021.4.29. 2020헌바328).

7. **지역아동센터 시설별 신고정원의 80% 이상을 돌봄취약아동으로 구성하도록** 정한 '2019년 지역아동센터 지원 사업안내'는 과잉금지원칙을 위반하여 청구인 운영자들의 직업수행의 자유 및 청구인 아동들의 인격권을 침해하지 않는다(2022.1.27. 2019헌마583).

8. 교육환경보호구역 중 절대보호구역으로 설정·고시할 지역에 관하여 규정한 '교육환경 보호에 관한 법률' 과 숙박업과 호텔금지조항은 과잉금지원칙을 위반하여 교육환경보호구역 내에서 휴양콘도미니엄을 신축하여 영업하려는 자의 직업수행의 자유 및 재산권을 침해하지 아니한다(2022.8.31. 2020헌바307).

9. 누구든지 약사법 제42조 제1항을 위반하여 수입된 의약품을 판매하거나 판매할 목적으로 저장 또는 진열하여서는 아니 된다고 규정한 구 약사법은 과잉금지원칙에 위배되어 직업수행의 자유를 침해하지 아니한다(2022.10.27. 2020헌바375).

10. 폐기물처리업자로 하여금 환경부령으로 정하는 바에 따라 폐기물을 허가받은 사업장 내 보관시설이나 승인받은 임시보관시설 등 적정한 장소에 보관하도록 하고, 이를 위반할 경우 형사처벌하도록 한 폐기물관리법이 과잉금지원칙에 위반되어 폐기물처리업자의 직업의 자유를 침해한다고 할 수 없다(2023.2.23. 2020헌바504).

11. 위생안전기준 적합 여부에 대하여 수도법상 인증을 받은, 물에 접촉하는 수도용 제품이 수도법상 정기검사 기준에 적합하지 아니한 경우 환경부장관이 그 인증을 필요적으로 취소하도록 하는 수도법이 과잉금지원칙에 위반되어 수도용 제품 제조업자의 직업수행의 자유를 침해한다고 할 수 없다(2023.2.23. 2021헌바179).

12. 경비업자가 시설경비업무 또는 신변보호업무 중 집단민원현장에 일반경비원을 배치하는 경우 경비원을 배치하기 48시간 전까지 배치허가를 신청하고 허가를 받도록 정한 경비업법 제18조 제2항은 과잉금지원칙을 위반하여 경비업자의 직업수행의 자유를 침해하지 않는다(2023.2.23. 2018헌마246).

13. 행정사로 하여금 그 사무소 소재지를 관할하는 특별시장·광역시장·특별자치시장·도지사·특별자치도지사가 시행하는 연수교육을 받도록 하는 행정사법 제25조 제3항이 청구인의 직업의 자유를 침해한다고 할 수 없다(2023.3.23. 2021헌마50).

14. 어린이집 원장 또는 보육교사가 아동학대관련범죄로 처벌을 받은 경우 행정청이 재량으로 그 자격을 취소할 수 있도록 정한 영유아보육법 제48조 제1항 제3호 중 '아동복지법 제17조 제5호를 위

반하여 아동복지법 제71조 제1항 제2호에 따라 처벌받은 경우'에 관한 부분이 직업선택의 자유를 침해한다고 할 수 없다(2023.5.25. 2021헌바234).

15. 동물약국 개설자가 수의사 또는 수산질병관리사의 처방전 없이 판매할 수 없는 동물용의약품을 규정한 '처방대상 동물용의약품 지정에 관한 규정' 제3조는 동물약국 개설자인 청구인들의 직업수행의 자유를 침해하지 아니한다(2023.6.29. 2021헌마199).

16. 문화체육관광부장관이 정부광고 업무를 한국언론진흥재단에 위탁하도록 한, '정부기관 및 공공법인 등의 광고시행에 관한 법률 시행령' 제6조 제1항이 광고대행업에 종사하는 청구인들의 직업수행의 자유를 침해한다고 볼 수 없다(2023.6.29. 2019헌마227).

17. 공기업 등으로부터 입찰참가자격제한처분을 받은 자가 국가 중앙관서나 다른 공기업 등이 집행하는 입찰에 참가할 수 없도록 한 구 '국가를 당사자로 하는 계약에 관한 법률 시행령'이 과잉금지원칙에 위배하여 직업수행의 자유를 침해한다고 볼 수 없다(2023.7.20. 2017헌마1376).

18. 금고 이상의 형의 집행유예선고를 받고 그 유예기간 중에 있는 자는 특수경비원이 될 수 없다고 규정한 구 경비업법은 과잉금지원칙에 위배하여 특수경비원의 직업의 자유를 침해한다고 볼 수 없다(2023.6.29. 2021헌마157).

19. 간행물 판매자에게 정가 판매 의무를 부과하고, 가격할인의 범위를 가격할인과 경제상의 이익을 합하여 정가의 15퍼센트 이하로 제한하는 출판문화산업진흥법은 과잉금지원칙에 위배되어 청구인의 직업의 자유를 침해한다고 볼 수 없다(2023.7.20. 2020헌마104).

20. 사회복지사업법을 위반하여 100만원 이상의 벌금형을 선고받고 그 형이 확정된 후 5년이 지나지 아니한 사람에 해당하는 경우 사회복지법인 임원의 자격을 상실하도록 규정한 구 사회복지사업법 제19조 제2항 중 제1항 제1호의7 가목 가운데 '이 법을 위반하여'에 관한 부분이 직업선택의 자유를 침해한다고 볼 수 없다(2023.9.26. 2021헌바240).

21. 공기업이 공기업의 업무를 수행하던 비정규직 근로자를 정규직 근로자로 고용한 공기업의 자회사와 수의계약을 체결할 수 있도록 한 '공기업·준정부기관 계약사무규칙'은 과잉금지원칙에 위배하여 직업수행의 자유를 침해하지 않는다(2023. 10.26. 2019헌마871).

22. 생활폐기물 수집·운반 대행계약과 관련하여 뇌물공여, 사기 등 범죄를 범하여 일정한 형을 선고받은 자를 3년간 대행계약 대상에서 제외하도록 규정한 폐기물관리법 제14조 제8항 제7호는 과잉금지원칙에 위배되어 청구인의 직업수행의 자유를 침해하지 않는다(2023.12.21. 2020헌바189).

23. 시장·군수·구청장이 지방자치단체의 조례로 정하는 바에 따라 일정한 구역을 지정·고시하여 가축의 사육을 제한할 수 있도록 한 '가축분뇨의 관리 및 이용에 관한 법률' 제8조 제1항 본문은 과잉금지원칙에 위배되지 아니한다(2023.12.21. 2020헌바374).

18. 정당제도

1. 지방의원 후원회를 금지한 정치자금법은 평등권을 침해한다(2022.11.24. 2019헌마528).

2. 정당의 시·도당은 1천인 이상의 당원을 가져야 한다고 규정한 정당법 제18조 제1항이 과잉금지원칙을 위반하여 각 시·도당창당준비위원회의 대표자인 청구인들의 정당의 자유를 침해한다고 할 수 없다(2022. 11. 24. 2019헌마445).

3. 국회의원에 대해서는 상시 후원회를 통하여 정치자금을 모금할 수 있도록 한 반면, 국회의원이 아닌 원외 당협위원장 또는 국회의원선거를 준비하는 자 등을 후원회지정권자에서 제외하여 정치자금을 모금할 수 없도록 하고 이를 위반하면 처벌하는 것이 평등원칙에 위배되지 않는다(2023.10.26. 2020헌바402).

4. 일반직 공무원의 후원회가입을 금지하는 정치자금법 제8조 제1항이 정치활동의 자유 내지 정치적 의사표현의 자유를 침해한다고 할 수 없다(2022.10.27. 2019헌마1271).

5. 정당등록제도는 정당제도의 법적 안정성과 확실성을 확보하기 위하여 정당임을 자처하는 정치적 결사가 일정한 법률상의 요건을 갖추어 관할 행정기관에 등록을 신청하고, 이 요건이 충족된 경우 정당등록부에 등록하여 비로소 그 결사가 **정당임을 법적으로 확인시켜 주는 제도이다.** 정당법에 명시된 요건이 아닌 다른 사유로 정당등록신청을 거부하는 등으로 정당설립의 자유를 제한할 수 없다(2023.2.23. 2020헌마275).

6. 정당은 수도에 소재하는 중앙당과 5 이상의 특별시·광역시·도에 각각 소재하는 시·도당을 갖추어야 한다고 정한 정당법은 정당의 자유를 침해한다고 볼 수 없다(2023.9.26. 2021헌가23).

7. 정치자금법에 정하지 않은 방법으로 정치자금을 기부받는 것을 금지하는 조항이 과잉금지원칙에 위배되어 정치인에게 기부하는 자의 정치활동 내지 정치적 표현의 자유를 침해한다고 할 수 없다(2023.10.26. 2020헌바402).

19. 선거제도

침해인 것

1. 재외투표기간 개시일 이후 귀국한 재외선거인에 대해 국내에서 **선거일에 투표할 수 있도록 하는 절차를 마련하지 아니한** 공직선거법 제218조의16은 청구인의 선거권을 침해한다(2022.1.27. 2020헌마895).

2. 선거운동기간 전에 **개별적으로 대면하여 말로 하는 선거운동을 금지한** 구 공직선거법 제59조 부분이 과잉금지원칙에 반하여 선거운동 등 정치적 표현의 자유를 침해한다(2022.2.24. 2018헌바146).

3. 누구든지 선거일 전 180일(보궐선거등에서는 그 선거의 실시사유가 확정된 때)부터 선거일까지 선거에 영향을 미치게 하기 위한 **벽보 게시, 인쇄물 배부·게시를 금지하는** 공직선거법 제93조 제1항 본문 중 '벽보 게시, 인쇄물 배부·게시'에 관한 부분 및 이에 위반한 경우 처벌하는 공직선거법 제255조 제2항 제5호 중 '제93조 제1항 본문의 벽보 게시, 인쇄물 배부·게시'에 관한 부분이 정치적 표현의 자유를 침해한다(2022.7.21. 2017헌바100).

4. 일정기간 선거에 영향을 미치게 하기 위한 광고, **문서·도화의 첨부·게시를 금지하는** 공직선거법 제93조 제1항 본문 중 '광고, 문서·도화 첨부·게시'에 관한 부분 및 이에 위반한 경우 처벌하는 공직선거법 제255조 제2항 제5호 중 '제93조 제1항 본문의 광고, 문서·도화 첨부·게시'에 관한 부분이 정치적 표현의 자유를 침해한다(2022.7.21. 2018헌바357).

5. 선거일 전 180일부터 선거일까지 선거에 영향을 미치게 하기 위하여 선거에 영향을 미치게 하기 위한 **광고물의 설치·진열·게시나 표시물의 착용을 금지하는** 공직선거법 제90조 제1항 제1호는 정치적 표현의 자유를 침해한다(2022.7.21. 2017헌가1).

6. 선거운동기간 중 **어깨띠 등 표시물을 사용한 선거운동을 금지한** 공직선거법 제68조 제2항 및 이에 위반한 경우 처벌하는 같은 법 제255조 제1항 제5호는 정치적 표현의 자유를 침해한다(2022.7.21. 2017헌가4).

7. 선거일 전 180일부터 선거에 영향을 미치게 하기 위한 인쇄물 살포금지는 정치적 표현의 자유를 침해한다(2023.3.23. 2023헌가4).

8. 선거일 전 180일부터 선거일까지 선거에 영향을 미치게 하기 위한 **현수막, 그 밖의 광고물의 게시를 금지하는** 공직선거법 제90조 제1항 제1호는 정치적 표현의 자유를 침해한다(2022.7.21. 2108헌바357).

9. 선거기간 중 선거에 **영향을 미치게 하기 위한 그 밖의 집회나 모임의 개최를 금지하는** 공직선거법 제103조는 집회의 자유, 정치적 표현의 자유를 침해한다(2022.7.21. 2018헌바357).

10. 당내경선은 공직선거 자체와는 구별되는 정당 내부의 자발적인 의사결정에 해당하고, 경선운동은 원칙적으로 공직선거에서의 당선 또는 낙선을 위한 행위인 선거운동에 해당하지 않는다. 따라서 당내경선의 형평성과 공정성을 담보하기 위해서 국가가 개입하여야 하는 정도가 공직선거와 동등하다고 보기 어려우므로, 심판대상조항이 과잉금지원칙에 반하는지 여부를 판단할 때에는 엄격한 심사기준이 적용되어야 한다. **광주광역시 광산구 시설관리공단의 상근직원**이 당원이 아닌 자에게도 투표권을 부여하는 당내경선에서 경선운동을 할 수 없도록 금지·처벌하는 공직선거법이 정치적 표현의 자유를 침해한다(2021.4.29. 2019헌가11).

11. **서울교통공사의 상근직원**이 당원이 아닌 자에게도 투표권을 부여하는 당내경선에서 경선운동을 할 수 없도록 하고 위반행위를 처벌하는 공직선거법은 정치적 표현의 자유를 침해한다(2022.6.30. 2021헌가24).

12. **한국철도공사의 상근직원에 대하여 선거운동을 금지하고 이를 위반한 경우 처벌하도록 규정한** 공직선거법 제60조 제1항 제5호는 선거운동의 자유를 침해한다(2018.2.22. 2015헌바124).

13. **지방공사 상근직원의 선거운동을 금지**하고, 이를 위반한 자를 처벌하는 구 공직선거법은 선거운동의 자유를 침해한다(2024.1.25. 2021헌가14).

14. **안성시시설관리공단의 상근직원**이 당원이 아닌 자에게도 투표권을 부여하는 **당내경선에서 경선운동을 할 수 없도록** 금지·처벌하는 공직선거법은 과잉금지원칙에 반하여 정치적 표현의 자유를 침해한다(2022.12.22. 2021헌가36).

> 침해가 아닌 것

1. 농업협동조합법·수산업협동조합법에 의하여 설립된 **조합의 상근직원에 대하여 선거운동을 금지하는** 구 공직선거법 제60조: 선거의 형평성과 공정성을 확보하기 위해 협동조합 상근직원의 선거운동을 금지하는 것은 정당한 목적과 적합한 수단을 갖추고 있다. 협동조합 상근직원이 선거운동을 할 경우 선거의 공정성과 형평성이 저해될 우려가 있다. 공직선거법 및 관련 법률의 규정만으로는 선거의 공정성을 충분히 확보하기 어렵다. 상근직원은 여전히 일정 범위 내에서 정치적 의사를 표현할 수 있어 침해의 최소성과 법익의 균형성이 충족된다. 심판대상조항은 과잉금지원칙에 반하지 않으며, 선거운동의 자유를 침해하지 않는다(2022.11.24. 2020헌마417).
*5인의 인용의견 : 협동조합은 공법인적 특성을 일부 가지지만, 자주적 단체로서 사법인에 가깝고, 상근직원의 직무는 일반 사기업 직원의 직무와 다르지 않다. 상근직원에게 정치적 중립성이 요구되지 않으며, 선거운동에 부당하게 동원될 권력적 요소가 없다. 모든 상근직원의 선거운동을 일률적으로 금지하는 것은 선거운동의 자유를 과도하게 제한한다. 심판대상조항은 과잉금지원칙에 반하여 선거운동의 자유를 침해한다.

2. 공개장소에서의 연설·대담장소 또는 대담·토론회장에서 연설·대담·토론용으로 사용하는 경우를 제외하고는 선거운동을 위하여 확성장치를 사용할 수 없도록 한 공직선거법은 정치적 표현의 자유를 침해한다고 할 수 없다(2022.7.21. 2017헌바100).

3. 정당이 당원과 당원이 아닌 자에게 투표권을 부여하여 실시하는 당내경선에서 허용되는 경선운동방법을 한정하고, 이를 위반하여 경선운동을 한 자를 처벌하는 공직선거법은 과잉금지원칙을 위반하여 경선후보자 등 당내경선운동을 하려는 사람의 정치적 표현의 자유를 침해한다고 할 수 없다(2022.10.27. 2021헌바125).

4. 누구든지 이 법의 규정에 의한 공개장소에서의 연설·대담장소에서 기타 어떠한 방법으로도 연설·대담장소 등의 질서를 문란하게 하는 행위를 금지한 공직선거법 제104조가 과잉금지원칙에 위배되어 정치적 표현의 자유를 침해한다고 보기 어렵다(2023.5.25. 2019헌가13).

5. 준연동형 비례대표제를 규정한 공직선거법 제189조 제2항은 직접선거원칙과 평등선거원칙에 위배되지 않는다(2023.7.20. 2019헌마1443).

6. 사전투표관리관이 투표용지의 일련번호를 떼지 아니하고 선거인에게 교부하도록 정한 공직선거법 제158조 제3항 중 '일련번호를 떼지 아니하고' 부분은 선거권을 침해하지 않는다(2023.10.26. 2022헌마231).

7. 사전투표관리관이 투표용지에 자신의 도장을 찍는 경우 도장의 날인을 인쇄날인으로 갈음할 수 있도록 한 공직선거관리규칙 제84조 제3항 중 '사전투표관리관이 투표용지에 자신의 도장을 찍는 경우 도장의 날인은 인쇄날인으로 갈음할 수 있다' 부분은 입법형성권의 한계를 일탈하여 선거권을 침해하지 않는다(2023.10.26. 2022헌마232).

8. 후보자가 되고자 하는 자가 당해 선거구 안에 있는 단체 등에 기부행위를 하는 경우 처벌하는 공직선거법 제113조 제1항은 죄형법정주의의 명확성원칙 또는 과잉금지원칙에 위배되어 선거운동의 자유를 침해하지 않는다(2021.2.25. 2018헌바223).

20. 공무담임권

보호영역

1. 서울교통공사의 직원이라는 직위는 헌법 제25조가 보장하는 공무담임권의 보호영역인 '공무'의 범위에는 해당하지 않는다(2021.2.25. 2018헌마174).

2. 관세직 국가공무원의 선발예정인원을 정한 인사혁신처 공고조항은 청구인의 기본권을 침해할 가능성이 없다(2023.2.23. 2019헌마401).

침해인 것

1. '아동·청소년의 성보호에 관한 법률' 제2조 제2호에 따른 아동·청소년대상 성범죄에 해당하는 죄를 저질러 파면·해임되거나 형 또는 치료감호를 선고받아 그 형 또는 치료감호가 확정된 사람(집행

유예를 선고받은 후 그 집행유예기간이 경과한 사람을 포함한다)은 공무원으로 임용될 수 없도록 한 국가공무원법 제33조 제6조의4는 과잉금지원칙에 위반되어 청구인의 공무담임권을 침해한다(2022.11.24. 2020헌마11).

2. **아동·청소년이용음란물임을 알면서 이를 소지한 죄로 형을 선고받아 그 형이 확정된 사람은 국가공무원법 제2조 제2항 제1호의 일반직공무원으로 임용될 수 없도록 한** 국가공무원법 제33조 제6호의4 나목은 공무담임권을 침해한다(2023.6.29. 2020헌마1605).

3. **피성년후견인이 된 경우 당연퇴직되도록 한** 구 국가공무원법 제69조는 과잉금지원칙에 반하여 공무담임권을 침해한다(2022.12.22. 2020헌가8).

침해가 아닌 것

1. **경북대학교 총장임용후보자선거의 후보자로 등록하려면 3,000만원의 기탁금을 납부하고 후보자등록신청시 기탁금납부영수증을 제출하도록 정한** '경북대학교 총장임용후보자 선정 규정' 제20조 제1항 및 제26조 제2항 제7호(이하 두 조항을 합하여 '이 사건 기탁금납부조항'이라 한다)는 청구인의 공무담임권을 침해하지 아니한다(2022.5.26. 2020헌마1219).

2. **제1차 투표에서 유효투표수의 100분의 15 이상을 득표한 경우에는 기탁금 전액을, 100분의 10 이상 100분의 15 미만을 득표한 경우에는 기탁금 반액을 반환하고, 반환되지 않은 기탁금은 경북대학교발전기금에 귀속하도록 정한** '경북대학교 총장임용후보자 선정 규정'은 청구인의 재산권을 침해하지 않는다(2022.5.26. 2020헌마1219).
   - ● 비교판례 : 대구교육대학교 총장임용후보자선거 후보자가 제1차 투표에서 최종 환산득표율의 100분의 15 이상을 득표한 경우에만 기탁금의 반액을 반환하도록 하고 반환하지 않는 기탁금은 대학 발전기금에 귀속되도록 규정한 '대구교육대학교 총장임용후보자 선정규정' 제24조 제2항이 과잉금지원칙에 위배되어 청구인의 재산권을 침해한다(2021. 12. 23. 2019헌마825). 기탁금 납부는 공무담임권을 제한하나 기탁금 반환기준 또는 국고귀속기준은 재산권 제한의 문제이다.

3. **교육부 및 그 소속기관에서 근무하는 교육연구사 선발에 수석교사가 응시할 수 없도록 응시 자격을 제한한** 교육부장관의 '2017년도 교육전문직 선발 계획 공고'가 과잉금지원칙에 위배되어 청구인들의 공무담임권을 침해한다고 할 수 없다(2023.2.23. 2017헌마604).

4. **피청구인이 2020.7.9. 공고한 '2021년도 검사임용 지원 안내' 중 '② 임용 대상' 가운데 '1. 신규임용'에서 변호사자격을 취득하고 2021년 사회복무요원 소집해제 예정인 사람을 제외한 부분이** '법학전문대학원 졸업연도에 실시된 변호사시험에 불합격하여 사회복무요원으로 병역의무를 이행하던 중

변호사자격을 취득하고 2021년 소집해제 예정인 사람'인 청구인의 공무담임권을 침해하지 않는다 (2021.4.29. 2020헌마999).

5. 변호사, 공인회계사, 관세사에 대한 가산비율 5%를 부여하는 구 공무원임용시험령은 공무담임권을 침해하지 아니한다(2023.2.23. 2019헌마401).

21. 청구권

침해인 것

1. 위원회의 보상금 지급결정에 동의하면 재판상 화해 성립으로 인정하는 **광주민주화운동 관련자 보상 등에 관한 법률**이 보상금 등의 성격과 중첩되지 않는 정신적 손해에 대한 국가배상청구권의 행사까지 금지하는 것은 국가배상청구권을 침해한다(2021.5.27. 2019헌가17).

2. 촬영한 영상물에 수록된 피해자의 진술은 공판준비기일 또는 공판기일에 피해자나 조사 과정에 동석하였던 신뢰관계에 있는 사람 또는 진술조력인의 진술에 의하여 그 성립의 진정함이 인정된 경우에 증거로 할 수 있도록 한 성폭력범죄의 처벌 등에 관한 특례법은 과잉금지원칙을 위반하여 청구인의 공정한 재판을 받을 권리를 침해한다(2021.11.25. 2019헌마534).

3. 헌법재판소는 2012.12.27. 2011헌바117 결정에서 "형법 제129조 제1항의 '공무원'에 구 '제주특별자치도 설치 및 국제자유도시 조성을 위한 특별법' 제299조 제2항의 제주특별자치도통합영향평가심의위원회 심의위원 중 위촉위원이 포함되는 것으로 해석하는 한 헌법에 위반된다."는 한정위헌결정을 하였다. 이는 형벌 조항의 일부가 헌법에 위반되어 무효라는 내용의 일부위헌결정으로, 법 제75조 제6항, 제47조 제1항에 따라 법원과 그 밖의 국가기관 및 지방자치단체에 대하여 기속력이 있다. 그런데 이 사건 재심기각결정들은 이 사건 한정위헌결정의 기속력을 부인하여 헌법재판소법에 따른 청구인들의 재심청구를 기각하였다. 따라서 이 사건 재심기각결정들은 모두 '법률에 대한 위헌결정의 기속력에 반하는 재판'으로 이에 대한 헌법소원은 허용되고 청구인들의 **헌법상 보장된 재판청구권을 침해하였으므로, 법 제75조 제3항에 따라 취소되어야 한다.** 다만, 재판에 적용된 법률조항에 대하여 이 사건 한정위헌결정이 이루어지기 전에 확정된 청구인들에 대한 유죄판결은 법률에 대한 위헌결정의 기속력에 반하는 재판이라고 볼 수 없으므로 이에 대한 심판청구는 부적법하다 (2022.6.30. 2014헌마760).

4. 원판결의 근거가 된 가중처벌규정에 대하여 헌법재판소의 위헌결정이 있었음을 이유로 개시된 재심절차에서, 공소장의 교환적 변경을 통해 위헌결정된 가중처벌규정보다 법정형이 가벼운 처벌규정으로 적용법조가 변경되어 피고인이 무죄판결을 받지는 않았으나 원판결보다 가벼운 형으로 유죄판결이 확정됨에 따라 원판결에 따른 구금형 집행이 재심판결에서 선고된 형을 초과하게 된 경우, **재심판결에서 선고된 형을 초과하여 집행된 구금에 대하여 보상요건을 규정하지 아니한 '형사보상 및 명예회복에 관한 법률'** 제26조 제1항은 **평등원칙을 위반하여 청구인들의 평등권을 침해한다**(2022.2.24. 2018헌마998).

5. **비용보상청구권의 제척기간을 무죄판결이 확정된 날부터 6개월 이내로 규정한 구 군사법원법** 제227조의12 제2항에 대해 4인은 재판청구권 및 재산권을 침해라고 하고, 4인 평등권 침해라고 하였다(2023.8.31. 2020헌바252). * 구금을 요건으로 하지 않은 비용보상은 헌법 제28조의 형사보상청구권에서 보호되지 않음
   * **비용보상청구권의 제척기간을 무죄판결이 확정된 날부터 6개월로 규정한 구 형사소송법**은 재판청구권 및 재산권을 침해하지 않는다(2015. 4. 30. 2014헌바408).
   * **형사보상의 청구는 무죄재판이 확정된 때로부터 1년 이내에 하도록 규정하고 있는 형사보상법** 제7조는 헌법 제28조의 **형사보상청구권을 침해한다**(2010. 7. 29. 선고 2008헌가4)

> 침해가 아닌 것

1. **특수임무수행자 등이 보상금 등의 지급결정에 동의한 때에는 특수임무수행 또는 이와 관련한 교육훈련으로 입은 피해에 대하여 재판상 화해가 성립된 것으로 보는 '특수임무수행자 보상에 관한 법률'** 제17조의2 가운데 특수임무수행 또는 이와 관련한 교육훈련으로 입은 피해 중 '정신적 손해'에 관한 부분이 국가배상청구권 또는 재판청구권을 침해한다고 보기 어렵다(2021.9.30. 2019헌가28).

2. 확정판결의 기초가 된 민사나 형사의 판결, 그 밖의 재판 또는 행정처분이 다른 재판이나 행정처분에 따라 바뀌어 당사자가 행정소송의 확정판결에 대하여 재심을 제기하는 경우, **재심제기기간을 30일로 정한 민사소송법을 준용하는 행정소송법** 제8조 제2항은 재판청구권을 침해한다고 볼 수 없다(2023.9.26. 2020헌바258).

3. '피고인 스스로 치료감호를 청구할 수 있는 권리'뿐만 아니라 '법원으로부터 직권으로 치료감호를 선고받을 수 있는 권리'는 헌법상 재판청구권의 보호범위에 포함된다고 보기 어렵다. 피고인 스스로 치료감호를 청구할 수 있는 권리나, 법원으로부터 직권으로 치료감호를 선고받을 수 있는 권리는 헌법상 재판청구권의 보호범위에 포함되지 않는다. **검사가 치료감호대상자가 치료감호를 받을 필요가 있는 경우 관할 법원에 치료감호를 청구할 수 있도록 한 치료감호 등에 관한 법률**은 재판청구권을 침해하거나 적법절차원칙에 반한다고 할 수 없다(2021.1.28. 2019헌가24).

4. 형의 선고를 하는 때에 피고인에게 소송비용의 부담을 명하는 근거가 되는 형사소송법 제186조 제1항은 피고인의 재판청구권을 침해하지 아니한다(2021.2.25. 2018헌바224).

5. 형의 선고와 함께 소송비용부담의 재판을 받은 피고인이 '빈곤'을 이유로 해서만 집행면제를 신청할 수 있도록 한 형사소송법 제487조 중 제186조 제1항 본문에 따른 소송비용에 관한 부분은 피고인의 재판청구권을 침해하지 아니한다(2021.2.25. 2019헌바64).

6. 소송의 지연을 목적으로 함이 명백한 기피신청의 경우 그 신청을 받은 법원 또는 법관이 결정으로 기각할 수 있도록 한 형사소송법 제20조 제1항은 공정한 재판을 받을 권리를 침해하지 아니한다(2021.2.25. 2019헌바551).

7. 국민참여재판 배심원의 자격을 만 20세 이상으로 정한 '국민의 형사재판 참여에 관한 법률' 제16조 중 '만 20세 이상'에 관한 부분은 평등원칙에 위배되지 않는다. 배심원으로서의 권한을 수행하고 의무를 부담할 능력과 민법상 행위능력, 선거권 행사능력, 군 복무능력, 연소자 보호와 연계된 취업능력 등이 동일한 연령기준에 따라 판단될 수 없고, 각 법률들의 입법취지와 해당 영역에서 고려하여야 할 제반사정, 대립되는 관련 이익들을 교량하여 입법자가 각 영역마다 그에 상응하는 연령기준을 달리 정할 수 있다(2021.5.27. 2019헌가19).

8. 국민참여재판 대상 사건을 합의부 관할 사건 및 이에 해당하는 사건의 미수죄·교사죄·방조죄·예비죄·음모죄에 해당하는 사건, 위 사건과 형사소송법 제11조에 따른 관련 사건으로서 병합하여 심리하는 사건 등으로 한정하고 있는 '국민의 형사재판 참여에 관한 법률' 제5조 제1항은 청구인의 평등권을 침해하지 아니한다(2021.6.24. 2020헌마1421).

9. 군사법원법에 의한 군사재판을 국민참여재판 대상 사건의 범위에서 제외하고 있는 '국민의 형사재판 참여에 관한 법률' 제5조 제1항은 평등원칙에 위배되지 아니한다(2021.6.24. 2020헌바499).

10. 공공단체인 한국과학기술원의 총장을 교원소청심사위원회의 결정에 불복하여 행정소송을 제기할 수 있는 제소권자 범위에 포함시키지 아니하여 행정소송을 제기하지 못하도록 한 것은 재판청구권을 침해하지 아니한다(2022.10.27. 2019헌바117).
    *비교판례 : 재심결정에 대하여 교원에게만 행정소송을 제기할 수 있도록 하고 학교법인에게는 이를 금지한 교원지위향상을위한특별법은 재판청구권을 침해한다(2006. 2. 23. 선고 2005헌가7)

11. 증거의 채택과 조사에 법원의 재량을 인정하고 있는 형사소송법 제295조가 공정한 재판을 받을 권리를 침해한다고 할 수 없다. 전문증거인 참고인진술조서의 증거능력을 일정한 요건하에 인정하

는 형사소송법 제312조 제4항이 공정한 재판을 받을 권리를 침해한다고 할 수 없다(2022.11.24. 2019헌바477).

12. 국회에 청원하는 방법으로 일정한 기간 동안 일정한 수 이상의 국민의 동의를 받도록 정한 국회법 제123조 제1항 중 '국회규칙으로 정하는 기간 동안 국회규칙으로 정하는 일정한 수 이상의 국민의 동의를 받아' 부분이 포괄위임금지원칙에 위반되어 청원권을 침해하지 않는다(2023.3.23. 2018헌마460).

13. 국민동의조항과 그 위임을 받아 청원서를 제출하기 위한 구체적인 절차로서 국민의 찬성·동의를 받는 기간과 그 인원수 등을 규정한 국회청원심사규칙 제2조의2 제2항 중 '등록일부터 30일 이내에 100명 이상의 찬성을 받고' 부분 및 구 국회청원심사규칙 제2조의2 제3항이 청원권을 침해하였다고 볼 수 없다(2023.3.23. 2018헌마460).

14. 민사소송법 제45조 제1항 중 '기피신청이 소송의 지연을 목적으로 하는 것이 분명한 경우'에 관한 부분이 각하하는 기간을 규정하지 않아 신속한 재판을 받을 권리를 침해하지 아니한다(2023.3.23. 2020헌바149).

15. 판결의 증거가 된 문서, 그 밖의 물건이 가벌성 있는 위조 또는 변조행위에 의한 것일 때를 재심사유로 규정한 민사소송법 제451조 제1항 제6호가 재판을 받을 권리를 침해한다고 볼 수 없다(2023.6.29. 2020헌바519).

16. 판단누락을 이유로 한 재심의 제기기간인 '판결이 확정된 뒤 재심의 사유를 안 날부터 30일'을 불변기간으로 정한 민사소송법 제456조 제2항 중 '제451조 제1항 제9호'에 관한 부분이 재판을 받을 권리를 침해한다고 볼 수 없다(2023.6.29. 2020헌바519).

17. 서울대 사건

  가. 서울대학교가 정보공개의무를 부담하는 경우에 있어서는 국민의 알 권리를 보호 내지 실현시킬 의무를 부담하는 기본권 수범자의 지위에 있다고 보아야 한다.
  대학은 대학이 보유·관리하는 정보에 대해 공개 청구가 있는 경우 기본권 수범자의 지위에서 공개 여부를 결정하는 것이지, 대학의 자율권 행사의 일환으로 공개 여부를 결정하는 것은 아닌 것이다.

  나. 서울대학교가 기본권의 수범자로 기능하면서 그 대표자가 행정심판의 피청구인이 된 경우에 적용되는 심판대상조항의 위헌성을 다투는 이 사건에서 서울대학교는 기본권의 주체가 된다고 할

수 없으므로, 청구인의 재판청구권 침해 주장은 더 나아가 살필 필요 없이 이유 없다.

다. 헌법 제107조 제3항은, 행정심판의 심리절차에서 대심구조적 사법절차가 준용되어야 한다는 취지일 뿐, 심급제에 따른 불복할 권리까지 준용되어야 한다는 의미는 아니다. 또한 기본권의 수범자 사이의 의견충돌에 대하여도 사법부가 최종적으로 판단할 권한을 가져야 한다거나 국민에 대한 공권력 행사자에게까지 사법부의 판단을 받을 권리를 보장해야 한다고 볼 수도 없다. 따라서 심판대상조항이 정보공개에 있어 기본권 수범자의 지위에 있는 서울대학교 등 국립대학법인으로 하여금 행정심판의 인용재결에 기속되도록 정한 것이 헌법 제107조 제3항에 위반된다고 볼 수는 없다(2023.3.23. 2018헌바385).

*반대의견 : 서울대학교는 공법인적 성격을 지니고 있기는 하나 연구, 교수, 시험, 학사관리 등에 있어서는 대학의 지위에서 헌법상 자율권을 보장받게 되는바, 서울대학교가 이러한 자율권을 행사하는 경우에 있어서는 기본권의 주체가 될 수 있다고 할 것이다. 대학에게 자율적으로 연구, 교수, 시험, 학사관리 등을 수행할 기본권이 부여된 만큼, 정보 처리와 관리도 대학의 자율권에 속한다. 서울대학교의 자율권을 보호하려면, 이를 제한하는 행정심판 인용재결에 대해 법원의 판단을 받을 수 있어야 한다. 정보공개청구인의 알 권리와 국립대학법인의 사회적 책무는 정보 공개 여부나 범위 결정에 고려될 수 있지만, 국립대학법인의 자율권을 침해하지 않도록 재판청구권을 완전히 배제하는 것은 정당화될 수 없다. 따라서 심판대상조항은 서울대학교의 재판청구권을 침해하여 헌법에 위반된다.

22. 인간다운 생활을 할 권리

1. 4·19혁명공로자에게 지급되는 보훈급여의 종류를 보상금이 아닌 수당으로 규정한 국가유공자법 제16조의4 제1항 및 2019년도 공로수당의 지급월액을 31만 1천원으로 규정한 같은 법 시행령 제27조의4가 정한 수당의 지급월액이 지나치게 과소하여 인간다운 생활을 할 권리를 침해하였다고 볼 수 없다(2022.2.24. 2019헌마883).

2. 헌법상 명문 규정이나 헌법의 해석으로부터 청구인의 주장과 같이 보건복지부장관이 이 사건에서 문제된 해당 공공기관에 장애인전용 주차구역, 장애인용 승강기 및 화장실을 설치하도록 할 작위의무가 도출된다고 보기 어렵다(2023.7.20. 2019헌마70).

23. 교육을 받을 권리

1. 피청구인이 2021.4.29. 발표한 '서울대학교 2023학년도 대학 신입학생 입학전형 시행계획' 중 수능위주전형 정시모집 '나'군의 전형방법의 2단계 평가에서 교과평가를 20점 반영하도록 한 '서울대학교 2023학년도 대학 신입학생 입학전형 시행계획' 중 V. 수능위주전형 정시모집 '나'군 일반전형 2. 전형방법 가운데 '2단계 교과평가 20점' 부분이 불합리하거나 자의적이어서 서울대학교에 진학하고자 하는 청구인들의 균등하게 교육을 받을 권리를 침해하지 않는다(2022.5.26. 2021헌마527). *국립교육대 수시전형은 검정고시 출신자들의 균등한 교육을 받을 권리를 침해한다.

2. 교비회계의 전용을 금지하는 구 사립학교법 제29조 제6항 본문 및 교비회계 전용 금지 규정을 위반하는 경우 처벌하는 구 사립학교법 제73조의2가 사립학교 운영의 자유를 침해한다고 할 수 없다(2023.8.31. 2021헌바180).

24. 근로의 권리와 근로3권

1. 동물의 사육 사업 근로자에 대하여 근로기준법 제4장에서 정한 근로시간 및 휴일 규정의 적용을 제외하도록 한 구 근로기준법 제63조 제2호 중 '동물의 사육' 가운데 '제4장에서 정한 근로시간, 휴일에 관한 규정'에 관한 부분은 청구인의 근로의 권리를 침해하지 않는다(2021.8.31. 2018헌마563).

2. **노조전임자의 급여를 지원하는 행위를 금지하는** 노동조합 및 노동관계조정법 제81조 제4호는 과잉금지원칙에 위배되지 아니한다(2022.5.26. 2019헌바341). *노동조합 운영비 원조금지는 단체교섭권을 침해한다.**

3. 지배개입금지조항과 급여지원금지조항을 위반할 경우 사용자를 처벌하는 노동조합 및 노동관계조정법 제90조는 과잉금지원칙에 위배되지 않는다(2022.5.26. 2019헌바341).

4. **법인의 대표자**가 이 사건 지배개입금지조항과 이 사건 급여지원금지조항을 위반할 경우 법인을 함께 처벌하는 노동조합 및 노동관계조정법 제94조 중 법인의 대표자가 그 법인의 업무에 관하여 이 사건 처벌조항의 위반행위를 한 경우에 관한 부분이 책임주의원칙에 위배되지 아니한다(2022. 5.26. 2019헌바341).

5. **특수경비원**의 파업·태업 그 밖에 경비업무의 정상적인 운영을 저해하는 일체의 쟁의행위를 금지하는 경비업법 제15조 제3항은 나머지 청구인들의 단체행동권을 침해하지 않는다(2023.3.23. 2019헌마937). *청원경찰 근로3권 부정은 헌법에 위반됨.

6. 피청구인 대통령이 구 '고용보험 및 산업재해보상보험의 보험료징수 등에 관한 법률' 제49조의3 제2항 단서에 따라 **대통령령을 제정할 작위의무가 있다.** 피청구인 대통령이 구 '고용보험 및 산업재해보상보험의 보험료징수 등에 관한 법률' 제49조의3 제2항 단서에 따라 대통령령 입법부작위에 **정당한 이유가 있다고 볼 수 있다**(2023.10.26. 2020헌마93). - 기각

25. 보건권

1. 헌법 제36조 제3항은 "모든 국민은 보건에 관하여 국가의 보호를 받는다."라고 하여, 국민이 자신의 건강을 유지하는 데 필요한 국가적 급부와 배려를 요구할 수 있는 권리인 이른바 '보건에 관한 권리'를 규정하고 있고, 이에 따라 국가는 국민의 건강을 소극적으로 침해하여서는 아니 될 의무를 부담하는 것에서 한 걸음 더 나아가 적극적으로 국민의 보건을 위한 정책을 수립하고 시행하여야 할 의무를 부담한다. 검사는 치료감호대상자가 치료감호를 받을 필요가 있는 경우 관할 법원에 치료감호를 청구할 수 있도록 한 치료감호 등에 관한 법률이 국민의 보건에 관한 국가의 보호의무에 반한다고 보기 어렵다(2021.1.28. 2019헌가24).

26. 탄핵심판

1. 헌법재판소법 제53조 제1항에서 규정하는 '탄핵심판 청구가 이유 있는 경우'는 피청구인이 중대한 헌법이나 법률을 위반하여 파면을 정당화할 수 있는 상황을 의미한다. 행정각부의 장에 대한 파면은 국가에 상당한 손실을 초래할 수 있지만, 대통령의 파면과는 본질적으로 다른 효과를 가지므로, '법 위반 행위의 중대성'과 '파면 결정으로 인한 효과' 간의 법익형량에서 이 점이 고려되어야 한다(2023.7.25. 2023헌나1).

2. 2022.10.29. 이태원에서 발생한 다중밀집으로 인한 인명피해사고와 관련하여, 행안부장관의 사전예방 조치가 헌법이나 법률을 위반하였다고 할 수 없다(2023.7.25. 2023헌나1).

3. 2022.10.29. 이태원에서 발생한 다중밀집으로 인한 인명피해사고와 관련하여, 행안부장관의 사후재난대응 조치가 헌법이나 법률을 위반하였다고 할 수 없다(2023.7.25. 2023헌나1).

4. 행안부장관의 사후 발언이 품위유지의무 위반에 해당하여 탄핵사유가 인정된다고 할 수 없다(2023.7.25. 2023헌나1).

27. 포괄위임금지원칙

1. 시·도지정문화재의 현상변경 행위에 관하여 시·도조례에 위임하고 있는 구 문화재보호법 제74조 제2항 중 제35조 제1항 제1호를 준용하는 것은 포괄위임금지원칙에 위배되지 않는다(2023.3.23. 2020헌바507).

2. 특별수선충당금의 요율 등을 대통령령으로 정하도록 위임한 구 임대주택법 제17조의3 제3항은 포괄위임금지원칙에 위배되지 않는다(2023.5.25. 2019헌바132).

3. 별정우체국 직원의 복무 및 징계에 관하여 필요한 사항을 과학기술정보통신부령에 위임한 별정우체국법 제10조 중 '복무' 및 '징계'에 관한 부분은 포괄위임금지원칙에 위배되지 않는다(2023.7.20. 2020헌바330).

4. 지식산업센터에 입주할 수 있는 시설 중 '입주업체의 생산 활동을 지원하기 위한 시설'의 범위를 대통령령에 위임한 '산업집적활성화 및 공장설립에 관한 법률' 제28조의5 제1항 제3호는 죄형법정주의 및 포괄위임금지원칙에 위배되지 않는다(2023.10.26. 2019헌바385).

5. 보건의료기관개설자는 제1항에 따른 손해배상금의 대불에 필요한 비용을 부담하여야 하고, 그 금액과 납부방법 및 관리 등에 관하여 필요한 사항은 대통령령으로 정하도록 한 의료분쟁조정법 제47조 제2항 후단 중 '납부방법 및 관리 등' 부분이 법률유보원칙 또는 포괄위임금지원칙에 위배되지 않는다(2022.7.21. 2018헌바504).

6. 의료사고 피해자의 손해배상금 대불청구가 증가하면서 재원이 빠르게 고갈되었고, 대불비용 부담금의 추가 징수가 반복되었다. 그러나 위임조항은 부담금의 액수 산정 및 추가 징수 요건을 명확히 규정하지 않아 예측할 수 없으며, 입법자의 관여가 배제된 점도 문제가 된다. 따라서 보건의료기관개설자는 제1항에 따른 손해배상금의 대불에 필요한 비용을 부담하여야 하고, 그 금액과 납부방법 및 관리 등에 관하여 필요한 사항은 대통령령으로 정하도록 한 의료분쟁조정법 제47조 제2항 중 '그 금액' 부분이 포괄위임금지원칙에 위배된다(2022.7.21. 2018헌바504).

28. 수사처 (헌재 2021.1.28., 2020헌마264).

1. 정부의 구성단위로서 그 권한에 속하는 사항을 집행하는 중앙행정기관을 반드시 국무총리의 통할을 받는 '행정각부'의 형태로 설치하거나 '행정각부'에 속하는 기관으로 두어야 하는 것이 헌법상 강제되는 것은 아니라 할 것이므로, 법률로써 '행정각부'에 속하지 않는 독립된 형태의 행정기관을 설치하는 것이 헌법상 금지된다고 할 수 없다(헌재 2021.1.28., 2020헌마264).

2. 공수처법은 이러한 검찰권 중 일부를 수사처에 분산한 것으로, 수사처는 우리 헌법상 본질적으로 행정에 속하는 사무를 수행한다고 할 것이다. 수사처가 직제상 대통령 또는 국무총리 직속기관 내지

국무총리의 통할을 받는 행정각부에 속하지 않는다고 하더라도 대통령을 수반으로 하는 행정부에 소속된 행정기관으로 보는 것이 타당하다.

3. 개정된 정부조직법 제2조 제2항을 들어 정부조직법에서 정하지 않은 중앙행정기관을 다른 법률로 설치하는 것이 헌법상 금지된다고 보기는 어렵다.

4. 수사처가 행정각부에 소속되어 있지 않다는 사정만으로 공수처법상 수사처의 설치가 권력분립원칙에 반한다고 보기 어렵다.

5. 독립성만을 강조하여 명색은 행정부 소속이지만 실질적으로 대통령이나 행정조직으로부터 아무런 통제도 받지 않는다면 이는 곧 우리 헌법이 예정하지 않은, 입법부·행정부·사법부 어디에도 속하지 않은 기관의 창설과 다르지 않게 되고 우리 헌법이 통치구조로 채택한 대통령제의 틀 자체를 흔드는 것이다. 또한, 강력한 독립성만을 부여받고 입법부나 사법부에 의한 통제도 받지 않는다면 이 역시 국민의 기본권보장에 위협이 되고 결과적으로 권력 상호간의 견제와 균형을 요체로 하는 권력분립원칙에 반한다.

6. 수사처장은 검찰총장과 마찬가지로 그 임명에 국회의 동의를 얻어야 하는 것은 아니지만 국회의 인사청문회를 거쳐 임명된다(공수처법 제5조 제1항). 또한 국회는 수사처장에 대하여 탄핵소추를 의결할 수 있다(헌법 제65조 제1항, 공수처법 제14조). 검찰총장과 마찬가지로 수사처장을 해임건의 대상에서 제외하는 것이 더 바람직하다고 할 것이다.

7. 국회는 수사처장에 대하여 국회 출석 및 답변을 요구할 수 있고, 수사처장은 수사나 재판에 영향을 미치지 않는 한 국회에 출석하여 보고하거나 답변하여야 한다(공수처법 제17조 제2항).

8. **행정**부 내의 법률상 기관에 불과한 수사처와 다른 수사기관 사이에 권한 배분의 문제가 발생한다 하더라도 이를 헌법상의 권력분립원칙의 문제로 볼 수는 없고, 입법정책의 문제일 뿐이다.

9. 수사처가 판사에 대하여 수사권 및 공소권을 행사하는 것이 사법권의 독립을 침해하여 권력분립원칙에 반한다고 할 수 없다.

10. 고위공직자라는 이유로 수사처의 수사 등을 받게 되는 것은 고위공직자라는 사회적 신분에 따른 차별이라 할 수 있다. 그러나 헌법 제11조 제1항 후문의 위와 같은 규정은 불합리한 차별의 금지에 초점이 있는 것이고, 예시한 사유가 있는 경우에 절대적으로 차별을 금지할 것을 요구함으로써

입법자에게 인정되는 입법형성권을 제한하는 것은 아니다

11. 헌법에 규정된 영장신청권자로서의 '검사'가 '검찰청법상 검사'에 한정된다고 할 수 없다. 수사처 검사의 영장신청권 행사가 영장주의원칙에 위반된다고 할 수 없다.

29. 가처분

국회 법제사법위원회 위원장이 검사의 수사권한을 제한하는 취지의 검찰청법 일부개정법률안(대안)과 형사소송법 일부개정법률안(대안)을 법사위 법률안으로 가결선포하자, 국회의원이자 법사위 위원인 신청인들이 법사위 위원장에 대한 위 개정법률안 가결선포행위의 효력정지 및 국회의장에 대한 위 개정법률안의 부의 및 상정 등을 금지하는 취지의 가처분신청을 하였고, 이후 국회의 법률안 심의절차에 따라 청구취지를 변경하면서 결국 법사위 위원장의 위 개정법률안에 대한 가결선포행위와 국회의장의 위 개정법률안을 원안으로 하는 수정안에 대한 가결선포행위에 대하여 그 효력정지를 구하는 가처분을 신청한 사안에서, 위 가처분신청에 대한 결정을 본안사건인 권한쟁의심판청구 사건의 종국결정과 같은 날 선고하면서 가처분결정의 필요성을 부인한 사례(2023.3.23. 2022헌사366).

30. 위헌법률심판

1. 범칙금 통고처분에 대한 이의 후 진행된 형사재판에서 통고처분의 근거조항인 구 도로교통법 제163조 제1항 본문에 대한 심판청구가 재판의 전제성이 있는지 여부(소극) (2021.6.24. 2019헌바5)

2. 헌법재판소가 2018.8.30. 선고한 "구 민주화운동 관련자 명예회복 및 보상 등에 관한 법률 제18조 제2항의 민주화운동과 관련하여 입은 피해 중 불법행위로 인한 정신적 손해에 관한 부분은 헌법에 위반된다."라는 결정이 법원에 대하여 기속력이 있는지 여부(적극) 및 위 일부위헌결정이 선고된 사

정이 그 결정 선고 전 헌법소원의 전제가 된 해당 소송사건에서 이미 확정된 판결에 대하여 헌법재판소법 제75조 제7항에서 정한 재심사유가 되는지 여부(적극) (대판 2020.12.10., 2020다205455)

31. 헌법소원 대상

1. 변협은 위와 같이 변호사법에서 위임받은 변호사 광고에 관한 규제를 설정함에 있어 공법인으로서 공권력 행사의 주체가 된다. 변호사 광고에 관한 규정은 수권법률인 변호사법과 결합하여 대외적 구속력을 가진다고 할 것이다. 따라서 변협이 변호사 광고에 관한 규제와 관련하여 정립한 규범인 심판대상조항은 헌법소원의 대상이 되는 공권력의 행사에 해당한다(2022.5.26. 2021헌마619).

2. 육군훈련소장이 청구인들로 하여금 육군훈련소 내 종교행사에 참석하도록 한 행위가 권력적 사실행위에 해당하여 헌법소원 대상이 되는지 여부(적극) 2022.11.24. 2019헌마941

3. 위원회위원장이 2019.12.16. 시중 은행을 상대로 투기지역·투기과열지구 내 초고가 아파트(시가 15억 원 초과)에 대한 주택구입용 주택담보대출을 2019.12.17.부터 금지한 조치가 헌법소원심판의 대상인 공권력 행사에 해당하는지 여부(적극) 2023.3.23. 2019헌마1399

4. 피청구인 방송통신심의위원회가 2019.2.11. 주식회사 ○○ 외 9개 정보통신서비스제공자 등에 대하여 895개 웹사이트에 대한 접속차단의 시정을 요구한 행위가 헌법소원의 대상인 공권력 행사에 해당하는지 여부(적극) 2023.10.26. 2019헌마158

5. '조세감면규제법 부칙 제23조가 실효되지 않은 것으로 해석하는 것은 헌법에 위반됨을 확인한다.'는 헌재 2012.7.26. 2009헌바35 등 결정의 기속력을 부인하고 청구인의 재심청구를 기각한 법원의 재판이 '법률에 대한 위헌결정의 기속력에 반하는 재판'으로 예외적으로 헌법소원심판의 대상이 되고 청구인의 기본권을 침해하는지 여부(적극) 2022.7.21. 2013헌마496

6. '조세감면규제법 부칙 제23조가 실효되지 않은 것으로 해석하는 것은 헌법에 위반됨을 확인한다.'는 헌재 2012.7.26. 2009헌바35 등의 한정위헌결정이 이루어지기 전에 확정된 법원의 재판이 헌법소원심판의 대상이 되는지 여부(소극) 2022.7.21. 2013헌마496

7. 수사기관 등이 전기통신사업자에게 이용자의 성명 등 통신자료의 제공을 요청하여 취득한 행위가 헌법소원의 대상이 되는 공권력 행사에 해당하는지 여부(소극) 2022.7.21. 2016헌마388

8. 관련 자격증 소지자에게 가산점을 부여하도록 한 인사혁신처 공고조항이 헌법소원의 대상이 되는 공권력 행사에 해당하는지 여부(소극) 2023.2.23. 2019헌마401

9. 마약류수형자를 아동 돌봄접견의 대상에서 제외하는 법무부 교정본부의 2020.11.25.자 '교정시설 수용자 접견 방식 변경 안내' 공고 중 '마약류사범은 아동 돌봄접견 불가'에 관한 부분이 헌법소원의 대상이 되는 공권력의 행사에 해당하는지 여부(소극) 2023.3.23. 2021헌마115

10. 큐알(QR)코드가 표기된 사전투표용지 발급행위가 헌법소원의 대상이 되는 공권력의 행사에 해당하는지 여부(소극) 2023.10.26. 2022헌마231

11. 피청구인 방송통신위원회가 2019.2.1. 주식회사 ○○ 등 9개 정보통신서비스제공자 및 방송통신심의위원회에 방송통신심의위원회가 기존에 접속차단 시정요구를 한 웹사이트 및 향후 접속차단 시정요구를 하는 웹사이트에 대하여 기존의 인터넷 주소(Uniform Resource Locator, 'URL') 차단 방식뿐만 아니라 서버 이름 표시(Server Name Indication, 'SNI') 차단 방식도 함께 적용하여 차단하도록 협조하여 달라고 요청한 행위가 헌법소원의 대상인 공권력 행사에 해당하는지 여부(소극) 2023.10.26. 2019헌마164

12. 서초구보건소장(피청구인)이 청구인의 광고가 약사법을 위반한다고 보고, 청구인에게 광고의 일부 표현을 수정하거나 삭제할 것을 요구한 행위가 헌법소원의 대상인 공권력 행사에 해당하는지 여부(소극) 2023.9.26. 2020헌마1235

13. 우정사업본부장이 우정직군 공무원의 직렬을 구분하지 아니한 부작위 및 우정직군 공무원들에 대하여 전직시험을 실시하지 아니한 부작위에 대한 헌법소원심판청구가 적법한지 여부(소극) 2023.8.31. 2020헌마116

14. 70세 이상인 불구속 피의자에 대하여 피의자신문을 할 때 법률구조제도에 대한 안내 등을 통해 피의자가 변호인의 조력을 받을 권리를 행사하도록 조치하지 않은 법무부장관의 부작위에 대한 헌법소원심판청구가 적법한지 여부(소극) 2023.2.23. 2020헌마1030

15. 피청구인 강원특별자치도인사위원회가 지방공무원인 청구인에 관해 비위사실이 인정된다는 취지의 이유를 포함하여 한 불문의결과 청구인에게 위 불문의결 내용을 통지한 행위가 헌법소원의 대상이 되는 공권력 행사에 해당하는지 여부(소극) 2023.10.26. 2022헌마178

32. 직접성

1. 수사기관 등이 전기통신사업자에게 이용자의 성명 등 통신자료의 열람이나 제출을 요청할 수 있도록 한 전기통신사업법 제83조 제3항 중 '검사 또는 수사관서의 장(군 수사기관의 장을 포함한다), 정보수사기관의 장의 수사, 형의 집행 또는 국가안전보장에 대한 위해 방지를 위한 정보수집을 위한 통신자료 제공요청'에 관한 부분이 직접성 요건을 갖추었는지 여부(적극) : 이 사건 법률조항은 수사기관 등의 전기통신사업자에 대한 통신자료 제공요청이라는 행위를 예정하고 있으나, **이 사건 통신자료 취득행위에 대한 직접적인 불복수단이 존재하는지 여부가 불분명하고**, 청구인들이 영장주의 및 적법절차원칙 위반을 다투고 있는 부분과 관련하여서는 법률 그 자체에 의하여 청구인들의 **법적 지위에 영향을 미친다고 볼 수 있다.** 따라서 이 사건 법률조항은 직접성이 인정된다(2022.7.21. 2016헌마388).

2. 4·19혁명공로수당의 지급액 등을 대통령령에 위임하고 있는 '국가유공자 등 예우 및 지원에 관한 법률' 제16조의4 제2항이 기본권 침해의 직접성을 갖추었는지 여부(소극) 2022.2.24. 2019헌마883

3. 법무부장관이 외국인에 대한 체류 허가 심사를 함에 있어 보험료 체납정보를 요청할 수 있다고 규정한 출입국관리법 제78조 제2항 제3호 중 '외국인의 국민건강보험 관련 체납정보'에 관한 부분에 대하여 기본권 침해의 직접성 요건이 부인된 사례 2023.9.26. 2019헌마1165

4. 문화체육관광부장관이 필요하다고 인정하는 경우 정부광고 업무를 대통령령으로 정하는 기관이나 단체에 위탁할 수 있도록 한 '정부기관 및 공공법인 등의 광고시행에 관한 법률' 제10조 제1항에 대한 심판청구가 기본권 침해의 직접성 요건을 충족하는지 여부(소극) 2023.6.29. 2019헌마227

5. 시·도지사 등이 감염병을 예방하기 위하여 집합을 제한하거나 방역지침의 준수를 명하는 등의 감염병 예방조치를 할 수 있도록 규정한 구 '감염병의 예방 및 관리에 관한 법률'이 기본권 침해의 직접성 요건을 충족하는지 여부(소극) 2023.2.23. 2020헌마1678

6. 공무원보수규정 제5조 중 [별표 11]의 비고 가운데 '사립학교교직원 연금법을 적용받는 사람이 기간제교원으로 채용되는 경우의 봉급은 연금 또는 명예퇴직수당을 지급받은 사실 등을 고려하여 교육부장관이 정하는 금액으로 한다'에 관한 부분에 대한 심판청구의 적법 여부(소극) 2023.3.23. 2022헌마353

33. 자기관련성

1. 청구인 회사는 변호사광고의 직접적인 수범자는 아니지만 변호사광고금지규정은 청구인 회사의 영업의 자유 내지 법적 이익에 불리한 영향을 주는 것이므로, 기본권침해의 자기관련성을 인정할 수 있다(2022.5.26. 2021헌마619).

2. 동물약국 개설자가 수의사 또는 수산질병관리사의 처방전 없이 판매할 수 없는 동물용의약품을 규정한 '처방대상 동물용의약품 지정에 관한 규정' 제3조에 대한 동물보호자인 청구인들의 심판청구가 기본권 침해의 자기관련성 요건을 갖추었는지 여부(소극) 2023.6.29. 2021헌마19 * 다만 동물약국 운영자는 자기관련성 인정됨

3. 비례대표국회의원에 궐원이 생기는 경우 별도의 보궐선거 없이, 궐원된 의원이 그 선거 당시에 소속되어 있던 정당의 비례대표국회의원후보자명부에 기재된 순서대로 의석이 승계되도록 정한 공직선거법 제200조 제2항 중 '비례대표국회의원'에 관한 부분이 선거권자인 청구인의 기본권을 침해할 가능성이 인정되는지 여부(소극) 2023.9.26. 2021헌마260

4. 피청구인이 미래한국당의 중앙당 정당등록신청을 수리한 행위가 기존에 정당법에 따라 등록된 정당인 청구인에 대하여 기본권침해의 자기관련성을 인정할 수 있는지 여부(소극) 2023.2.23. 2020헌마275

5. 학내구성원의 투표 산정비율은 선거일 7일 전까지 추천위원회 위원장이 주요 국립대학(그 범위는 시행세칙으로 정한다)의 직원, 조교, 학생 투표 산정비율을 고려하고 학내구성원의 합의에 의하여 정하도록 규정한 부경대학교 총장임용후보자 선정 및 추천에 관한 규정에 대한 청구인 부경대학교 공무원직장협의회와 청구인 전국공무원노동조합 부경대학교 지부의 심판청구가 기본권 침해의 자기관련성 요건을 갖추었는지 여부(소극) 2023.5.25. 2020헌마1336

6. 고위공직자에 해당하는 자가 고위공직자범죄 등을 범한 경우 수사처에 의한 수사 또는 기소의 대상으로 하고, 수사처검사로 하여금 직무를 수행함에 있어 검사의 직무 및 군검사의 직무를 수행할 수 있도록 하여 수사처검사의 영장 청구를 인정한 공수처법 제2조, 공수처법 제3조 제1항, 제8조 제4항, 검찰청으로부터 파견받은 검찰수사관을 수사처수사관의 정원에 포함시킨 공수처법 제10조 제2항 단서, 제16조 제2항 …수사처의 범죄수사와 중복되는 다른 수사기관의 범죄수사에 대하여 수사처장이 이첩을 요청하는 경우 해당 수사기관은 이에 응하도록 한 공수처법…수사처장과 차장의 자격 및 추천위원회의 구성 등 수사처장과 차장의 임명절차 등에 관한 규정인 공수처법…수사처검사의 임용요건을 규정한 구 공수처법에 대한 심판청구는 부적법하다(헌재 2021.1.28., 2020헌마264).

34. 권리보호이익

1. 육군훈련소장이 청구인들로 하여금 육군훈련소 내 종교행사에 참석하도록 한 행위에 대하여 예외적인 소의 이익을 인정할 필요가 있는지 여부(적극) 2022.11.24. 2019헌마941

2. 소송대리인이 되려는 변호사가 신청한 소송대리인 접견신청을 교도소장이 불허한 행위에 관한 심판청구가 권리보호이익이 인정되는지 여부(소극) 2022.2.24. 2018헌마1010 *근거법령은 대상으로 삼음

3. 정보위원회 법안심사소위원회 회의의 방청신청을 불허한 행위에 대한 헌법소원 심판청구의 적법 여부(소극) 2022.1.27. 2018헌마1162 · 2020헌바428(병합) *근거법인 국회법은 대상을 삼음

4. 피청구인 중앙선거관리위원회의 2020. 3. 26.자 재외선거사무 중지 결정(공고 제2020-176호)에 대한 헌법소원심판청구가 적법한지 여부(소극) 2022.1.27. 2020헌마497 * 근거법령은 대상으로 삼음

5. 피청구인이 구속 전 피의자심문에 임의 출석한 청구인을 심문이 종료한 이후 유치장으로 호송하면서 청구인에게 수갑을 사용하는 행위를 한 이후, 구 '피의자 유치 및 호송 규칙'이 개정되어 구속 전 피의자심문에 임의 출석한 피의자에 대하여 원칙적으로 수갑을 사용하지 않도록 하였을 경우, 이 사건 수갑사용행위에 대하여 권리보호이익 내지 심판의 이익이 인정되는지 여부(소극) 2023.7.20. 2020헌마506

6. 헌법재판소의 가처분결정을 계기로 보건당국과 교육부가 확진자의 응시를 허용하는 방향으로 지침을 변경함에 따라 피청구인도 이 사건 제2차 시험 시행 전인 2021.1.13. 확진자의 응시를 허용하였다면 '2021학년도 강원도 공·사립 중등학교 교사 임용후보자 선정경쟁 제1차 시험 합격자 및 제2차 시험시행계획 공고' 중 코로나바이러스감염증-19 확진자의 응시를 금지한 부분에 대한 심판의 이익이 인정되는지 여부(소극) 2023.2.23. 2021헌마48

35. 보충성

1. 피청구인 방송통신심의위원회가 2019.2.11. 주식회사 ○○ 외 9개 정보통신서비스제공자 등에 대하여 895개 웹사이트에 대한 접속차단의 시정을 요구한 행위에 대한 심판청구가 보충성을 갖추었는지 여부(적극) 2023.10.26. 2019헌마158

2. 금융위원회 위원장이 2020.1.9.경 청구인에 대하여 한 공인회계사시험 제1차 시험 응시원서접수 거부처분에 대한 헌법소원심판청구가 보충성을 갖추었는지 여부(소극) 2022.10.27. 2020헌마68

3. 서울고등법원, 청주지방검찰청 충주지청, 서울광역수사대 마약수사계, 서울서초경찰서, 서울구치소, 인천구치소에 장애인전용 주차구역, 장애인용 승강기 또는 화장실을 설치하지 아니한 부작위에 대한 심판청구가 보충성 요건을 갖추었는지 여부(소극) 2023.7.20. 2019헌마709

4. 코로나바이러스감염증-19의 예방을 위하여 음식점 및 PC방 운영자 등에게 영업시간을 제한하거나 이용자 간 거리를 둘 의무를 부여하는 서울특별시고시들에 대한 심판청구가 보충성 요건을 충족하는지 여부(소극) 2023.5.25. 2021헌마21

36. 권한쟁의 심판

1. <u>국가경찰위원회과 문화재청장은</u> 헌법 제111조 제1항 제4호 소정의 헌법에 의하여 설치된 국가기관에 해당한다고 할 수 없다. 법률에 의하여 설치된 청구인에게는 권한쟁의심판의 당사자능력이 인정되지 아니한다(2022.12.22. 2022헌라5/ 2023.12.21. 2023헌라1).

2. 교섭단체 대표의원은 헌법 제111조 제1항 제4호 및 헌법재판소법 제62조 제1항 제1호의 '국가기관'에 해당한다고 볼 수 없으므로, 권한쟁의심판의 당사자능력이 인정되지 아니한다(2023.9.26. 2020헌라2).

3. 경기도의 남양주시에 대한 자료제출요구는 감사 절차의 일환으로 이루어졌으나, 청구인의 자치사무 전반에 대한 포괄적·사전적 요청으로, 청구인의 지방자치권을 침해하는 것이다(2022.8.31. 2021헌라1).

4. 경기도가 지역화폐 지급을 조건으로 특별조정교부금을 우선 배분한 것은 지방재정법의 취지에 부합하며, 현금으로 재난기본소득을 지급한 이유로 배분 제외된 것은 남양주시의 자치재정권 침해로 볼 수 없다(2022.12.22. 2020헌라3).

5. 법사위 위원장이 2022.4.27. 법사위 전체회의에서 검찰청법과 형사소송법 개정안을 가결선포한 행위는, 합리적 토론과 상호 설득의 기회를 보장해야 하는 헌법상 다수결 원칙과 국회법을 위반하여 청구인들의 법률안 심의·표결권을 침해하였다. 민형배 위원의 탈당과 조정위원 선임 과정을 통해 민주당의 당론에 맞춰 입법을 신속히 추진하려 했으며, 법사위 위원장은 중립적 지위를 벗어나 조정안에 대한 실질적 토론 없이 가결을 선포하였다. 이는 국회법 제57조의2(적3분의 2이상찬성으로 안건조정위원회 조정안 채택)와 제58조(토론조항)를 위반한 것으로, 헌법 제49조에도 어긋난다(2023.3.23. 2022헌라6). 피청구인 법사위 위원장의 이 사건 가결선포행위가 청구인들의 법률안 심의·표결권을 침해하였다고 확인한 이상, 피청구인 법사위 위원장의 이 사건 <u>가결선포행위에 대한 무효확인청구는 국회의 정치적 형성권을 존중하여 기각하여야 한다</u>(2023.3.23. 2022헌라2).

6. 교섭단체 대표의원과 협의한 뒤 이 사건 검찰청법 개정법률안을 본회의에 상정하였으므로, 국회법 제93조의2(본회의 상정)를 위반하였다고 볼 수 없다(2023.3.23. 2022헌라2).

7. 헌법과 국회법에서 임시회 회기의 하한 규정을 두고 있지 않아 회기를 당일로 종료시키는 것도 위법이 아니다(2023.3.23. 2022헌라2).

8. 국회법 제86조 제3항의 '이유 없이'는 법사위의 심사가 권한 범위 내에서 신속하게 이루어지도록 하여 입법절차가 지연되지 않게 하기 위한 것으로, 법사위가 '책임 없는 불가피한 사유'로 기간을 준수하지 못했는지를 기준으로 판단해야 한다.

9. 피청구인 과방위 위원장의 법사위의 입법절차 지연을 이유로 한 본회의 부의 요구는 국회법 절차를 준수하여 이루어졌고, 본회의 표결절차에서 정당성이 인정되었으므로 위법이 없다 (2023.10.26. 2023헌라2).

10. 본회의 부의 요구안에 대해 국회의장이 본회의에서 각 법률안을 무기명투표로 가결한 행위도 국회법 절차를 준수한 것으로, 청구인들의 법률안 심의·표결권을 침해하지 않는다(2023.10.26. 2023헌라2).

11. 공유수면에 대한 지방자치단체의 관할구역 경계는 명시적인 법령이 있는 경우 이를 따르고, 그렇지 않다면 불문법상 해상경계를 따르며, 불문법상 해상경계도 없다면 헌법재판소가 형평의 원칙에 따라 획정한다(헌재 2021.2.25., 2015헌라7).

12. 국가기본도에 표시된 해상경계선이 바로 **불문법상 해상경계선인 것은 아니다**. 관계 지방자치단체·주민들 사이에 해상경계에 관한 관행이 장기간 반복되어 법적 확신이 있다면 국가기본도에 표시된 해상경계선은 **불문법상 해상경계선으로 인정될 수 있다**(헌재 2021.2.25., 2015헌라7).

13. 1918년 지형도와 1973년 국가기본도에 일관되게 표시된 해상경계선을 기준으로 관할권한이 행사된 사례를 통해 불문법상 해상경계가 성립했음을 인정한 바 있다. 이 경우 청구인들의 자치권한 침해 위험성이 없다고 본다(헌재 2021.2.25., 2015헌라7).

14. 청구인 법무부장관과 청구인 검사들은 헌법상 기관으로 볼 수 있으므로 권한쟁의심판에서 일반적인 당사자능력이 인정된다(2023.3.23. 2022헌라4).

15. 검사의 수사 및 공소제기에 관한 권한 중 일부를 조정·제한하는 형소법과 검찰청법 개정행위에 대하여 권한쟁의심판을 청구할 청구인적격이 인정된다(2023.3.23. 2022헌라4).

16. 법무부장관에게 검사의 수사 및 공소제기에 관한 권한 중 일부를 조정·제한하는 형소법과 검찰청법 개정행위에 대하여 권한쟁의심판을 청구할 청구인적격이 인정되지 아니한다.

17. 국가기관의 '법률상 권한'은, 다양한 국가기관의 작위 또는 부작위로 침해될 가능성이 있음은 별론으로 하고, 국회의 입법행위로는 침해될 수 없다.

18. 수사권 및 소추권은 입법부·사법부가 아닌 '대통령을 수반으로 하는 행정부'에 부여된 '헌법상 권한'이라 할 것이다.

19. 행정부 내에서 수사권 및 소추권의 구체적인 조정·배분은 헌법사항이 아닌 '입법사항'이므로 헌법이 수사권 및 소추권을 행정부 내의 특정 국가기관에 독점적·배타적으로 부여한 것이 아님을 밝히고 있다.

20. 검사의 영장신청권은 제5차 개정헌법(1962.12.26. 헌법 제6호)에서 처음 도입되었다. 헌법 제12조 제3항의 검사의 영장신청권 조항에서 검사에게 헌법상 수사권까지 부여한다는 내용까지 논리 필연적으로 도출된다고 보기 어렵다.

21. 검사의 수사 및 공소제기에 관한 권한 중 일부를 조정·제한하는 형소법과 검찰청법 개정행위로 인해 검사의 '헌법상 권한'(영장신청권)이 침해될 가능성은 존재하지 아니하고, 국회의 구체적인 입법행위를 통해 비로소 그 내용과 범위가 형성되어 부여된 검사의 '법률상 권한'(수사권 및 소추권)은 그 자체로 국회의 법률개정행위로 인해 침해될 가능성이 없으므로, 피청구인의 이 사건 법률개정행위로 인한 청구인 검사들의 헌법상 권한 침해가능성은 인정되지 아니한다(2023.3.23. 2022헌라4).

변호사 시험, 공무원 시험 대비 2024년 상반기 헌법재판소 판례 + 3년 판례 요약

헌법재판소 판례
(2023년 12월~2024년 6월)

01. 법치주의

CASE 01　수신료 통합징수금지

2024.5.30. 2023헌마820

1. 수신료 징수업무를 지정받은 자가 수신료를 징수하는 때 그 고유업무와 관련된 고지행위와 결합하여 이를 행해서는 안 된다고 규정한 방송법 시행령 제43조 제2항이 법률유보원칙에 위배되는지 여부(소극)

   심판대상조항은 수신료의 구체적인 고지방법에 관한 규정인바, 이는 수신료의 부과·징수에 관한 본질적인 요소로서 법률에 직접 규정할 사항이 아니므로 이를 법률에서 직접 정하지 않았다고 하여 의회유보원칙에 위반된다고 볼 수 없다. 심판대상조항은 수신료의 징수를 규정하는 상위법의 시행을 위하여 수신료 납부통지에 관한 절차적 사항을 규정하는 **집행명령이다.** 집행명령의 경우 법률의 구체적·개별적 위임 여부 등이 문제되지 않고, 다만 상위법의 집행과 무관한 독자적인 내용을 정할 수 없다는 한계가 있다. 심판대상조항은 청구인이 방송법 제65조, 제67조 제2항에 따라 수신료 징수업무를 위탁하는 경우 그 구체적인 시행방법을 규정하고 있을 뿐이라는 점에서 집행명령의 한계를 일탈하였다고 볼 수 없다.

2. 수신료 징수업무를 지정받은 자가 수신료를 징수하는 때 그 고유업무와 관련된 고지행위와 결합하여 이를 행해서는 안 된다고 규정한 방송법 시행령 제43조 제2항이 입법재량의 한계를 위반하여 청구인의 방송운영의 자유를 침해하는지 여부(소극)

   가. 공영방송 수신료제도에 관한 입법재량의 한계

   헌법 제21조 제3항에 따라 입법자는 방송체제의 선택을 비롯하여, 방송의 설립 및 운영에 관한 조직적, 절차적 규율과 방송운영주체의 지위에 관하여 실체적인 규율을 행할 수 있다. 그런데 방송의 자유를 보장함으로써 달성하고자 하는 헌법적 가치를 고려할 때, 이러한 입법자의 입법형성재량은 일정한 한계를 가진다.

   공영방송의 규범은 자유민주주의 등 헌법상의 기본원리를 지키면서 방송의 자유를 실질적으로 보장해야 한다. 공영방송이 국가 및 특정 사회세력으로부터 독립되어야 하며, 특히 재원의 독립이 중요하다. 심판대상조항은 수신료 부과·징수와 관련된 절차를 구체화한 것으로, 재정적 독립성을 침해하는지 여부에 따라 입법재량의 한계를 판단한다. 만약 수신료 징수방법이 적정한 재정적 독립성을 유지할 수 없게 한다면, 심판대상조항은 입법재량의 한계를 일탈하였다고 볼 수 있을 것이다.

나. 심판대상조항의 입법재량 일탈 여부

심판대상조항은 수신료의 구체적인 징수방법으로서, 청구인이 지정하는 자에게 수신료의 징수업무를 위탁할 수 있다고 정한 방송법 제67조 제2항을 보다 구체화하여, 지정받은 자가 수신료를 징수하는 때에는 지정받은 자의 고유업무와 관련된 고지행위와 결합하여 이를 행하여서는 안 된다고 정하고 있다. 이러한 수신료 징수업무 수탁자의 수신료 징수방법에 관한 규제가 청구인의 재정적 독립성을 침해하여 공영방송으로서의 기능을 보장하지 못하는 정도에 이르는지 여부에 관하여 본다.

(1) 수신료 징수금액의 변동 유무

심판대상조항은 오로지 수신료의 구체적인 징수방법에 관하여, 징수업무 수탁자가 자신의 고유업무와 관련된 고지행위와 결합하여 수신료를 징수하지 못하도록 규정하고 있고 수신료의 금액이나 납부의무자, 미납이나 연체 시 추징금이나 가산금의 금액을 변경하는 것은 아니다. 따라서 심판대상조항으로 인하여 청구인이 징수할 수 있는 수신료의 금액이나 범위가 달라지지 않는다. 이 점에서 심판대상조항이 규범적으로 청구인의 수신료 징수 범위에 어떠한 영향을 끼친다고 볼 수 없다.

(2) 청구인의 재정적 손실 여부

수신료는 공법상 의무, 전기요금은 사법상 의무로, 수신료와 전기요금은 원칙적으로 분리 고지·징수해야 한다. 통합 고지 시 변제충당 문제와 집행절차 차이로 인해 전기공급 거부 가능성 등이 발생할 수 있었다. 심판대상조항으로 수신료와 전기요금을 분리 고지·징수하면 미납 수신료가 증가할 우려가 있지만, 방송법은 추징금과 가산금 징수, 국세체납처분을 통해 강제수단을 마련하고 있다. 1994년 이전 수신료 통합징수 전 수납률이 낮았던 점과 재정적 손실 우려는 있지만, 현재 정보통신기술 발달, 사회적 인식 변화 등을 고려하면 수납률이나 징수비용이 과거로 회귀한다고 단정하기 어렵다.

(3) 통합징수 금지의 필요성

수신료와 전기요금의 통합징수방식은 1994년에 도입되어 공영방송 재원에 기여했지만, 수신료 과오납 사례가 증가했다. 2022년 기준 수상기 미소지자의 수신료 민원접수 건수는 59,017건, 환불 건수는 38,391건, 환불금액은 8억 원을 넘었다. 심판대상조항은 수신료를 전기요금과 분리 고지·징수해 수신료 납부 여부와 금액을 명확히 인지하고 과오납을 예방하려는 취지이다. 통합징수가 편리하고 효율적일 수 있지만, 부당한 수신료 징수와 과오납을 고려하면 분리징수가 헌법에 위반된다고 단정할 수 없다.

(4) 수신료 외의 수입

심판대상조항 도입으로 통합징수가 중단되어 수신료 수입이 감소할 수 있지만, 청구인은 방송광고수입, 프로그램 판매수익, 정부 보조금 등으로 재정을 보충할 수 있다. 그러나 방송광고수입이나 국가보조금 비율 증가로 공영방송의 독립성이 훼손될 우려가 있으므로, 수신료 재원이 충분하지 않을 경우 입법부가 수신료 증액이나 징수 범위 개선을 고려해야 한다.

(5) 소결

따라서 심판대상조항은 공영방송의 기능을 위축시킬 만큼 청구인의 재정적 독립에 영향을 끼친다고 볼 수 없으므로, 입법재량의 한계를 일탈하여 청구인의 방송운영의 자유를 침해하지 아니한다.

3. 수신료 징수업무를 지정받은 자가 수신료를 징수하는 때 그 고유업무와 관련된 고지행위와 결합하여 이를 행해서는 안 된다고 규정한 방송법 시행령 제43조 제2항이 적법절차원칙을 위반하는지 여부(소극)

적법절차원칙은 공권력에 의한 국민의 생명·자유·재산의 침해는 반드시 합리적이고 정당한 법률에 의거해서 정당한 절차를 밟은 경우에만 유효하다는 원리로서, 그 의미는 누구든지 합리적이고 정당한 법률의 근거가 있고 적법한 절차에 의하지 아니하고는 체포·구속·압수·수색을 당하지 아니함은 물론, 형사처벌 및 행정벌과 보안처분, 강제노역 등을 받지 아니한다고 이해되는바, 이는 형사절차상의 제한된 범위 내에서만 적용되는 것이 아니라 국가작용으로서 기본권 제한과 관련되든 아니든 모든 입법작용 및 행정작용에도 광범위하게 적용된다고 해석하여야 한다(헌재 2018. 4. 26. 2016헌바453 참조). 이하 심판대상조항의 입법과정이 적법절차원칙에 위배되었는지 여부를 살펴본다.

가. 입법예고기간의 단축

행정절차법 제41조와 제43조, '법제업무 운영규정' 제14조에 따르면, 법령 개정 시 40일 이상 입법예고를 실시해야 하지만, 특별한 사정이 있으면 법제처장과 협의하여 예고기간을 단축할 수 있다. 방송통신위원회 위원장은 수신료 분리 고지·징수를 위해 국민 불편 해소와 권리 보호를 이유로 법제처장과 협의해 입법예고기간을 10일로 단축했으므로 절차상 위법하다고 할 수 없다.

나. 방송통신위원회 의결

방송통신위원회는 5인의 상임 위원으로 구성되고 위원회의 회의는 재적위원 과반수의 찬성으로 의결한다(방통위법 제13조 제2항). 심판대상조항에 관한 의결 당시, 방송통신위원회 재적위원 3인 중 2인의 찬성으로 의결이 된 이상, 절차상 방통위법 제13조 제2항을 위반한 사실이 있다고 인정하기 어렵다.

다. 규제영향분석

행정규제기본법 제7조에 따라 중앙행정기관의 장은 규제를 신설하거나 강화하려면 규제영향분석을 하고 규제영향분석서를 작성하여 입법예고기간 동안 공표하고 제출된 의견을 검토하여야 한다. 심판대상조항은 법률에서 정하는 수신료 징수방법의 절차를 구체화하는 것으로서, 규제의 신설이나 강화에 해당한다고 보기 어려워 규제영향분석의 대상이 된다고 보기 어렵다.

라. 소결

심판대상조항의 입법과정에 위법사항이 있었다고 보기 어려우므로, 적법절차원칙에 위배되지 않는다.

4. 수신료 징수업무를 지정받은 자가 수신료를 징수하는 때 그 고유업무와 관련된 고지행위와 결합하여 이를 행해서는 안 된다고 규정한 방송법 시행령 제43조 제2항이 신뢰보호원칙을 위반하는지 여부(소극)

가. 신뢰보호 위반여부 일반법리

신뢰보호원칙은 법치국가 원칙에서 도출되며, 법률의 제정이나 개정 시 당사자의 신뢰가 합리적이고 정당하며, 법 개정으로 인한 손해가 극심해 공익적 목적이 신뢰 파괴를 정당화할 수 없으면 새로운 입법은 허용되지 않는다. 그러나 법률은 사회환경과 경제여건 변화에 따라 신축적으로 변할 수 있으며, 모든 신뢰가 헌법상 보호받지 않는다. 신뢰보호원칙 위반 여부는 침해받은 신뢰이익의 보호가치와 공익목적을 종합적으로 비교하여 판단해야 한다.

나. 신뢰보호위반여부

방송법 제67조 제2항과 개정 전 방송법 시행령 제43조 제2항은 수신료 징수업무를 한국전력공사에 위탁해 전기요금과 통합 징수하는 방식을 전제로 하거나 그러한 방식에 대한 신뢰를 유도하지 않는다. 따라서 과거 징수방식에 대한 청구인의 신뢰이익의 보호가치는 크다고 보기 어렵다. 청구인은 법 개정 가능성을 고려하고 있었으며, 심판대상조항으로 수신료 금액이나 범위가 변경되지 않고 징수방법만 분리되므로 신뢰이익 침해는 경미하다. 수신료 납부의무를 명확히 하고 과오납을 방지하는 공익 실현을 고려할 때, 심판대상조항은 신뢰보호원칙에 위배되지 않는다.

재판관 김기영, 재판관 문형배, 재판관 이미선의 심판대상조항에 대한 반대의견
심판대상조항은 법률유보원칙에 위반하여 청구인의 방송의 자유를 침해한다.
심판대상조항은 수신료 징수업무를 위탁하는 경우 통합징수를 금지하여 청구인의 방송운영의 자유를 제한하므로 상위법령의 위임을 요하는 위임명령에 해당한다. 방송법은 청구인의 수신료 징수업무의 위탁을 허용하면서, 청구인이 수탁자로 지정할 수 있는 자의 범위나 징수업무 위탁 시 구체적인 징수방법 등을 제한하는 규정을 두고 있지 않고, 그러한 사항을 하위법령이 정하도록 위임하는 규정도 두고 있지 않다. 그럼에도 심판대상조항이 청구인으로부터 징수업무를 위탁받은 자가 수신료를 징수하는 경우에 통합징수라는 특정의 징수방법을 금지하는 것은 청구인의 방송운영의 자유를 법률의 근거나 위임 없이 제한하는 것으로서 법률유보원칙에 위배된다.

재판관 김기영, 재판관 문형배의 심판대상조항에 대한 반대의견
심판대상조항은 적법절차원칙과 신뢰보호원칙을 위반하여 청구인의 방송운영의 자유를 침해한다. 입법예고기간이 국민 및 이해관계인이 의견을 제시할 최소한의 기간도 제공하지 않아 사실상 입법예고를 생략한 것과 같으며, 행정절차법 제41조 제1항의 예외사유에도 해당하지 않는다. 또한, 규제영향분석이 이루어지지 않아 헌법상 적법절차원칙에 위배된다.
심판대상조항이 달성하려는 공익은 다른 방식으로도 실현 가능하며, 30여 년간 통합징수제도를 신뢰해 온 청구인이 갑작스러운 분리징수제도로 재정적 불이익과 공영방송의 중립성, 독립성, 지속가능성 훼손 우려를 겪는 것은 매우 중대하므로 신뢰보호원칙에 위배된다.

02. 국제법존중원칙

CASE 01 국제인권규범
2024.1.25. 2021헌마703

1. 자유권규약을 포함한 국제인권규범은 국내법체계상에서 법률적 효력을 가질 뿐이므로, 우리 헌법에서 명시적으로 입법위임을 하고 있거나 우리 헌법의 해석상 입법의무가 발생하는 경우가 아니라면, 국제인권규범이 명시적으로 입법을 요구하고 있거나 그 해석상 국가의 기본권보장의무가 인정되는 경우라고 하더라도 곧바로 국가의 입법의무가 도출된다고 볼 수 없다.

2. 국제규약 위반 주장에 대해, 비준동의한 조약은 국내법과 같은 효력을 가질 뿐 헌법재판규범이 되지 않으며, 이러한 주장들은 기본권 침해 주장을 보충하는 것이므로 별도로 판단하지 않는다.

03. 지방자치제도

CASE 01 매립지 귀속결정

2024.3.28. 2021헌바57

[사건개요]

2015년 새만금 방조제 구간 공유수면 매립지의 지방자치단체 귀속 결정이 부안군과 김제시로 내려졌다. 이에 불복한 군산시장은 대법원에 결정 취소 소송을 제기했으나 2021년 기각되었다. 군산시장은 소송 중 해당 결정의 법적 근거가 헌법에 위반된다고 주장했으나, 위헌법률심판제청신청도 기각되었다. 이후 2021년 헌법소원심판을 청구했다.

[심판대상조항]

구 지방자치법(2014.11.19. 법률 제12844호로 개정되고, 2017.7.26. 법률 제14839호로 개정되기 전의 것)
제4조【지방자치단체의 명칭과 구역】③ 제1항에도 불구하고 다음 각 호의 지역이 속할 지방자치단체는 제4항부터 제7항까지의 규정에 따라 행정자치부장관이 결정한다.
  1.「공유수면 관리 및 매립에 관한 법률」에 따른 매립지

1. 쟁점정리

    가. 청구인은 심판대상조항이 ① 구 지방자치법 제4조 제2항 소정의 지방의회의 의견을 듣거나 주민투표를 거치는 절차를 규정하지 아니하고, 법률이 아닌 행정자치부장관의 결정만으로 공유수면 매립지의 관할 지방자치단체를 결정하도록 한 것이 관련 지방자치단체의 지방자치권을 침해하고, ② 공유수면 매립지가 속할 지방자치단체를 결정하는 실질적 기준을 전혀 규정하고 있지 않아서 법률유보원칙에 위배된다고 주장하므로, 이에 대하여 판단한다.

나. 한편 청구인은 심판대상조항에 따른 행정자치부장관의 결정으로 인하여 지방자치단체의 구역과 경계가 바뀜으로써 공유수면 매립지 인근에 거주하는 주민들의 행정구역을 관할하는 지방자치단체가 변경되고, 이로 인하여 해당 주민들의 선거권, 공무담임권, 거주·이전의 자유 등이 침해된다고 주장한다. 그러나 단지 공유수면 매립지 인근에 거주하는 주민들의 행정구역을 관할하던 지방자치단체가 변경되었다는 사정만으로 위와 같은 기본권이 직접 제한된다고 보기 어렵고, 설령 관할 지방자치단체의 변경으로 인하여 주민들에게 어떤 피해가 발생한다고 하여도 이는 간접적이고 사실적인 불이익에 불과하므로 이에 대한 판단은 하지 않기로 한다.

2. 지방자치권의 침해 여부

가. 2009년 4월 1일 이전 지방자치법 제4조 제1항은 지방자치단체의 명칭과 구역 변경을 법률로 정하도록 규정했고, 공유수면 매립지 경계는 헌법재판소가 결정했다. 2009년 개정된 지방자치법 제4조 제3항은 공유수면 매립지의 속할 지방자치단체를 행정자치부장관이 결정하도록 신설했다. 개정법 부칙에 따르면, 시행 전에 준공검사를 받은 매립지도 행정자치부장관의 결정 절차를 거쳐야 한다. 따라서 매립지 관할은 행정자치부장관의 결정에 의해 정해지며, 그전까지는 어느 지방자치단체에도 속하지 않는 것으로 해석된다.

한편, 이와 같이 개정된 구 지방자치법의 취지와 공유수면과 매립지의 성질상 차이 등을 종합하여 볼 때, 신생 매립지는 구 지방자치법 제4조 제3항에 따라 같은 조 제1항이 처음부터 배제되어 종전의 관할구역과의 연관성이 단절되고, 행정자치부장관의 결정이 확정됨으로써 비로소 관할 지방자치단체가 정해지며, 그전까지 해당 매립지는 어느 지방자치단체에도 속하지 않는다. 그렇다면 매립지의 매립 전 공유수면에 대한 관할권을 가졌을 뿐인 지방자치단체가 새로이 형성된 매립지에 대해서까지 어떠한 권한을 보유하고 있다고 볼 수 없다.

나. 이와 같이 행정자치부장관이 공유수면 매립지를 관할하는 지방자치단체를 결정하기 전까지 관련 지방자치단체는 해당 공유수면 매립지에 대하여 어떠한 자치권한도 보유하고 있지 않은 이상, 심판대상조항이 지방의회의 의견을 듣거나 주민투표를 거치는 절차를 규정하지 아니하고, 행정자치부장관으로 하여금 공유수면 매립지의 관할 지방자치단체를 결정하도록 한 것이 지방자치단체의 지방자치권을 침해한다고 볼 수 없다.

3. 법률유보원칙의 위배 여부

가. 우리 헌법 제40조는 "입법권은 국회에 속한다."라고 규정하고 있는데, 우리 헌법 제40조의 의미는 적어도 국민의 권리와 의무의 형성에 관한 사항을 비롯하여 국가의 통치조직과 작용에 관한 기본적이고 본질적인 사항은 반드시 국회가 정하여야 한다는 것이다.

헌법상 지방자치단체의 지방자치권 역시 국가 통치조직의 분배와 작용에 관한 것으로서 국가권력의 일부분을 담당하는 권한인 이상 지방자치단체의 조직과 자치기능 및 자치사무의 자율성에 관한 기본적이고 본질적 사항은 법률에서 직접 규정하여야 한다.

나. 앞서 본 바와 같이, 심판대상조항에 따라서 행정자치부장관이 공유수면 매립지를 관할하는 지방

자치단체를 결정하기 전까지 관련 지방자치단체는 해당 공유수면 매립지에 대하여 어떠한 자치권한도 보유하지 않는다. 따라서 설령 행정자치부장관이 공유수면 매립지가 속할 지방자치단체를 결정할 때 적용할 실질적 기준이 필요하다고 하여도 그러한 기준이 지방자치단체의 자치사무와 본질적으로 관련이 있어 반드시 법률에 규정되어야 한다고 볼 수 없다.

다. 이와 같은 사정을 종합하면, 심판대상조항에서 행정자치부장관이 공유수면 매립지를 관할하는 지방자치단체를 결정하도록 하면서 그 실질적 기준을 규정하고 있지 않더라도 그것이 법률유보원칙에 위배된다고 볼 수 없다.

04. 행복추구권

CASE 01 임신 32주 이전에 태아의 성별 고지를 금지하는 의료법 제20조 제2항
*단순위헌결정
2024.2.28. 2022헌마356

1. 제한되는 기본권

장래 태어날 아기가 여아인지 남아인지는 임부나 그 가족에게 중요한 태아의 인격 정보이고, 태아의 부모가 이를 미리 알고자 하는 것은 본능적이고 자연스러운 욕구라 할 수 있다. 따라서 부모가 태아의 성별을 비롯하여 태아에 대한 모든 정보에 접근을 방해받지 않을 권리는 부모로서 당연히 누리는 천부적이고 본질적인 권리에 해당한다.

헌법 제10조로부터 도출되는 일반적 인격권에는 각 개인이 그 삶을 사적으로 형성할 수 있는 자율영역에 대한 보장이 포함되어 있음을 감안할 때, 장래 가족의 구성원이 될 태아의 성별 정보에 대한 접근을 국가로부터 방해받지 않을 부모의 권리는 이와 같은 일반적 인격권에 의하여 보호된다고 보아야 할 것이다.

따라서 심판대상조항은 일반적 인격권으로부터 나오는 부모가 태아의 성별 정보에 대한 접근을 방해받지 않을 권리를 제한하고 있다.

2. 헌법 제10조 일반적 인격권에서 나오는 부모가 태아의 성별 정보에 대한 접근을 방해받지 않을 권리를 침해하는지 여부(적극)

   (1) **입법목적의 정당성**

   심판대상조항은 의료인에게 임신 32주 이전에 태아의 성별고지를 금지하여 낙태, 특히 성별을 이유로 한 낙태를 방지함으로써 성비의 불균형을 해소하고 태아의 생명을 보호하기 위해 입법된 것이므로 그 목적의 정당성을 수긍할 수 있다.

   (2) **수단의 적합성 및 침해의 최소성**

   오늘날 전통 유교사회의 남아선호사상이 쇠퇴하고 국민의식이 변화하면서 출생성비가 정상범위에 도달하여 태아의 성별과 낙태 사이에 유의미한 관련성이 없다는 점이 드러났다. 이에 따라 임신 32주 이전 태아 성별 고지를 태아 생명을 위협하는 행위로 보고 제한하는 것은 타당하지 않다. 10년간 심판대상조항 위반으로 인한 수사 및 기소가 없었다는 사실은 이 조항이 사문화되었음을 의미하며, 출생성비의 정상화는 국민 의식 변화에 기인한 것으로 보인다. 따라서 이 조항이 더 이상 낙태를 방지하기 위한 실효성 있는 수단이라고 보기 어렵다. 기본권을 제한하는 수단은 효과적이고 적합해야 하며, 불합리하거나 불공정한 수단은 피해야 한다. 부모가 태아 성별을 알고자 하는 것은 자연스러운 욕구로, 이를 금지할 이유가 없다. 심판대상조항은 성별 고지와 낙태 간의 명확한 인과관계 없이 부모에게 태아 성별 정보를 금지하는 것으로, 이는 효과적이지 않고 불합리하다.

   물론 태아의 성별 고지가 성별을 이유로 한 낙태로 이어질 가능성은 여전히 존재한다. 그러나 태아의 생명을 박탈하는 행위는 성별 고지가 아니라 성별을 이유로 한 낙태이므로, 국가가 규제해야 할 단계는 낙태 행위가 발생하는 단계이다. 현재 낙태는 모자보건법에서 규제하고 있으며, 낙태를 처벌하는 형법 조항은 헌법불합치 결정 이후 개선입법이 이루어지지 않아 효력이 상실되었다. 따라서 성선별 낙태 방지를 위한 태아 생명 보호는 태아 성별 고지 제한이 아닌 낙태 관련 입법을 통해 해결해야 한다.

   심판대상조항은 예외적인 사정만으로 태아 성별 고지 행위를 낙태의 사전 준비행위로 전제하여 모든 부모에게 임신 32주 이전 태아 성별 정보를 알 수 없게 하고 있다. 이는 낙태 의도가 없는 부모까지도 규제하는 과도한 입법으로, <u>부모의 기본권을 필요 이상으로 제한하는 것이다. 따라서 심판대상조항은 태아 생명 보호라는 입법목적을 달성하기 위한 수단으로 적합하지 않으며, 침해의 최소성에 반한다</u>.

   (3) **법익의 균형성**

   앞서 살펴본 바와 같이 현재 우리 사회는 성비불균형 문제가 해소되었고, 태아의 생명 보호라는 공익이 심판대상조항을 통해서는 실효적으로 달성된다고 보기 어렵다. 심판대상조항은 임신 32주 이전에는 모든 부모에게 태아의 성별 정보에 접근을 방해받지 않을 권리를 지나치게 제한하고 있으므로, 결국 심판대상조항은 법익의 균형성도 상실하였다.

   (4) **소결론**

   따라서 심판대상조항은 과잉금지원칙을 위반하여 부모가 태아의 성별 정보에 대한 접근을 방해받지 않을 권리를 침해한다.

> 재판관 이종석, 재판관 이은애, 재판관 김형두의 헌법불합치의견: 법정의견 아님
>
> 심판대상조항은 입법목적의 정당성 및 수단의 적합성이 인정되지만, 심판대상조항이 정하는 임신 32주라는 기준은 기간 면에서 지나친 제한이고 의학적 필요성에 대한 예외를 인정하지 않으므로 침해의 최소성에 반한다. 다만, 법정의견과 같이 단순위헌결정을 하는 것은 태아의 생명 보호를 위한 수단을 대안 없이 일거에 폐지하는 결과가 되어 타당하지 않으므로 잠정적으로 적용하는 헌법불합치결정을 한다.

CASE 02 단기법무장교의 의무복무기간 기산점

2024.3.28. 2020헌마1401

1. **쟁점의 정리**

   청구인들은 심판대상조항이 일반적 행동자유권, 신체의 자유, 거주·이전의 자유, 직업선택의 자유를 제한한다고 주장하나 병역의무가 장기화되어 행동자유권을 침해하는지 여부가 문제된다. 법률유보원칙 및 과잉금지원칙 위반 여부를 함께 판단하기로 하며, 신체의 자유 등 다른 주장들은 군인의 지위 및 복무에 관한 법령에 의한 것이므로 별도로 판단하지 않는다. 또한 현역병 등은 군사교육기간을 의무복무기간에 산입하나, 단기법무장교는 그렇지 않아 평등권 침해 여부가 쟁점이 된다.

2. **단기법무장교의 의무복무기간을 장교에 임용된 날부터 기산하도록 한 군인사법 시행령 제6조 제1항이 법률유보원칙을 위반하여 청구인들의 일반적 행동자유권을 침해하는지 여부(소극)**

   가. **관련 법리**

   오늘날의 법률유보원칙은 단순히 행정작용이 법률에 근거를 두기만 하면 충분한 것이 아니라, 국가공동체와 그 구성원에게 기본적이고도 중요한 의미를 갖는 영역, 특히 국민의 기본권 실현에 관련된 영역에 있어서는 행정에 맡길 것이 아니라 국민의 대표자인 입법자 스스로 그 본질적 사항에 대하여 결정하여야 한다는 요구, 즉 의회유보원칙까지 내포하는 것으로 이해되고 있다.

   이하에서는 단기법무장교의 의무복무기간의 기산점이 국민의 대표자인 입법자가 스스로 정하여야 할 본질적인 사항인지 여부, 나아가 심판대상조항이 법률상의 근거가 없거나 모법의 위임범위를 벗어난 것인지 여부에 대하여 살펴보기로 한다.

   나. **단기법무장교 의무복무기간의 기산점이 입법자가 스스로 정하여야 할 본질적인 사항인지 여부(소극)**

   현역병 입영대상자가 법학전문대학원 과정을 이수하고 법무사관후보생으로 선발된 후, 법무장교로 임용되는 과정에서 단기법무장교 의무복무기간의 기산점은 중요한 논점이다. 이는 법무사관후보생 시기부터 법무장교로서 업무를 수행하는 시점까지 의무 내용과 병력 형성 기여도, 업무 수행과의 연관성을 고려해 정책적으로 판단해야 한다.

   이 부분은 변동하는 구체적인 안보상황이나 국내외 정세 등에 따라 각각의 단계에서 병역의무자가 부담하게 되는 의무의 내용 등이 달라질 경우 그에 따라 탄력적으로 대응할 필요가 있는 부분이기도 하다. 이와 같은 점을 고려하면 단기법무장교의 의무복무기간의 기산점이 반드시 입법자

가 스스로 정하여야 할 본질적인 사항이라고 보기 어렵다.

다. 심판대상조항이 법률상의 근거가 없거나, 모법의 위임범위를 벗어난 것인지 여부(소극)

심판대상조항은 군인사법 제7조 제1항 제4호의 해석상 가능한 것을 명시하거나 위 조항의 취지에 근거하여 이를 구체화하기 위한 것으로서 법률상의 근거가 없거나, 모법의 위임범위를 벗어난 것이라고 보기 어렵다. 심판대상조항은 법률유보원칙을 위반하여 청구인들의 일반적 행동자유권을 침해하지 않는다.

3. 단기법무장교의 의무복무기간을 장교에 임용된 날부터 기산하도록 한 군인사법 시행령이 과잉금지원칙을 위반하여 청구인들의 일반적 행동자유권을 침해하는지 여부(소극)

입법자는 법무사관후보생을 단기법무장교로 임용 후 3년간 의무복무하도록 규정하여, 국가 안전보장과 국토방위 목적을 달성하고자 한다. 법무사관후보생의 군사교육기간을 의무복무기간에 포함하지 않는 것은 실질 복무기간을 3년으로 유지하기 위한 것으로, 이는 단기법무장교의 전문성을 유지하고 최적의 전투력을 확보하는 데 중요하다. 법무사관후보생은 자발적으로 군사교육을 받고 단기법무장교로 임관하며, 군사교육기간 동안 현역병 수준 이상의 보수를 받는다. 따라서 심판대상조항은 과도하지 않으며, 공익이 중대하므로 과잉금지원칙에 위반되지 않는다.

4. 평등권 침해여부 (소극)

가. 단기법무장교와 현역병 사이의 차별의 합리성

단기법무장교는 중위 이상의 계급으로 특수한 군사 업무를 담당하며, 병과는 계급 및 복무 내용, 직무의 책임에서 차이가 있다. 심판대상조항이 법무사관후보생의 군사교육기간을 의무복무기간에 산입하지 않는 것은 단기법무장교와 현역병의 차이를 고려한 결정이다. 이는 계급, 선발과정, 복무내용, 군사교육의 목적과 내용, 신분 등을 종합적으로 고려한 것으로 불합리한 차별이 아니다.

나. 단기법무장교의 의무복무기간을 장교에 임용된 날부터 기산하도록 한 군인사법 시행령이 현역병 및 군간부후보생 교육기관에서 교육을 받다가 퇴교되어 현역병, 승선근무예비역, 사회복무요원, 예술·체육요원, 전문연구요원, 산업기능요원으로 복무하게 된 사과의 관계에서 단기법무장교인 청구인들의 평등권을 침해하는지 여부(소극)

퇴교 후 복무자의 교육기간을 복무기간에 포함하는 것은 그 교육이 현역병 등의 복무 수준에 상응한다는 정책적 판단에 기초한다. 심판대상조항이 단기법무장교의 교육기간을 복무기간에 포함하지 않는 것은 단기법무장교와 퇴교 후 복무자의 복무 내용 차이를 고려한 것이다. 이는 교육기간을 실제 복무에 따른 것으로 평가하는 기준이 다르기 때문에 합리적인 차별로 볼 수 있다. 따라서 심판대상조항의 차별은 정당화될 수 있다.

CASE 03 금연구역으로 지정된 연면적 1천 제곱미터 이상의 사무용건축물, 공장 및 복합용도의 건축물에서 금연의무를 부과하고 있는 국민건강증진법 제9조 제8항 중 제4항 제16호에 관한 부분
2024.4.25. 2022헌바163

심판대상조항은 공중 또는 다수인이 왕래할 수 있는 공간에서 흡연을 금지하여 비흡연자의 간접흡연을 방지하고 국민 건강을 증진하기 위한 것이다. 실외에서도 간접흡연의 위험이 배제되지 않으며, 금연·흡연구역 분리로 담배연기를 완벽히 차단하기 어렵다. 흡연자가 일정한 공간에서 흡연할 수 없는 불이익을 입지만, 간접흡연을 원치 않는 사람을 보호할 필요성이 더 크므로, 심판대상조항은 흡연자의 일반적 행동자유권을 침해하지 않는다.

CASE 04 13세 이상 16세 미만의 사람에 대하여 간음 또는 추행을 한 19세 이상의 자를 강간죄, 유사강간죄, 강제추행죄의 예에 따라 처벌하도록 한 형법 제305조 제2항
2024. 6. 27. 2022헌가40

1. 쟁점정리

가. 헌법 제10조는 개인의 인격권과 행복추구권, 성적 자기결정권을 보장한다. 심판대상조항은 19세 이상이 13세 이상 16세 미만과 성행위를 할 수 없도록 제한하여 성적 자기결정권과 사생활의 비밀과 자유를 제한한다.

나. 심판대상조항은 형법 제305조 제1항, 형법 제302조, 청소년성보호법 제8조의2 제1항과 비교해 형벌체계상의 정당성과 균형을 상실하여 평등원칙에 위반되는지 검토한다.

다. 심판대상조항이 19세 이상과 19세 미만을 합리적 이유 없이 차별하거나 신체의 자유를 침해하는지 여부는 성적 자기결정권과 사생활의 비밀과 자유 침해 여부와 함께 판단한다.

라. 헌법 제34조 제1항의 **인간다운 생활을 할 권리**는 최소한의 물질적인 생활의 유지에 필요한 급부를 요구할 수 있는 권리를 의미하는바, 심판대상조항으로 제한되지 않으므로 별도로 검토하지 않는다.

2. 13세 이상 16세 미만의 사람에 대하여 간음 또는 추행을 한 19세 이상의 자를 강간죄, 유사강간죄, 강제추행죄의 예에 따라 처벌하도록 한 형법 제305조 제2항 중 '제297조, 제297조의2, 제298조'에 관한 부분이 성적 자기결정권 및 사생활의 비밀과 자유를 침해하는지 여부(소극)

가. 목적의 정당성 및 수단의 적합성: 심판대상조항은 13세 이상 16세 미만의 청소년을 성적 학대나 침해로부터 보호하기 위해 정당한 목적을 가지며, 이를 위한 적절한 수단이다.

나. 침해의 최소성: 13세 이상 16세 미만의 청소년은 성적 자기결정권을 온전히 행사하기 어렵고, 성범죄의 위험에 쉽게 노출된다. 여러 나라에서도 유사한 보호 규정을 두고 있으며, 연령 기준에 따른 일률적 처벌이 불가피하다. 또한, 19세 미만의 자는 처벌 대상에서 제외되며, 특수 관

계자만 처벌하는 것은 입법 취지를 달성하기 어렵다. 법정형이 과중하지 않고, 법관의 양형 재량권을 통해 적절히 조절할 수 있다.
다. 법익의 균형성: 19세 이상의 자의 성행위 상대방이 16세 이상으로 제한되는 사익보다, 청소년을 성적 학대나 착취로부터 보호하는 공익이 더 중대하다.
라. 소결: 심판대상조항은 과잉금지원칙에 위반하지 않으며, 19세 이상인 자의 성적 자기결정권 및 사생활의 비밀과 자유를 침해하지 않는다.

3. 심판대상조항이 형벌체계상의 정당성이나 균형성을 상실하여 평등원칙에 위반되는지 여부(소극)

심판대상조항이 형법 제305조 제1항(13세 미만의 사람에 대한 간음 또는 추행)과 법정형을 동일하게 규정한 것은, 두 조항의 입법목적이 동일하고 간음 또는 추행에 강제성이 개입되지 않는다는 점에서 행위태양이 동일하므로 피해자의 연령에 따라 그 보호법익이나 죄질에 큰 차이가 없다는 점을 고려한 것이다. 미성년자에 대하여 위계 또는 위력으로써 간음 또는 추행한 자를 처벌하는 형법 제302조와 심판대상조항은 규율대상이 다르므로 서로 비교대상이 되지 아니한다. 심판대상조항이 '아동·청소년의 성보호에 관한 법률' 제8조의2 제1항과 법정형을 동일하게 규정한 것은, 두 범죄 모두 아동·청소년의 미성숙함과 자기방어능력의 부족을 이용하였다는 점에서 불법성과 비난가능성에 큰 차이가 없는 점 등을 고려한 것이다. 따라서 심판대상조항은 형벌체계상의 정당성이나 균형성을 상실하여 평등원칙에 위반되지 아니한다.

CASE 05 세월호 사건 신속한 구호조치 등 부작위 각하결정

2024.5.30. 2014헌마1189

【판시사항】

2014. 4. 16. 세월호가 전남 진도군 조도면 병풍도 북방 1.8마일 해상에서 기울기 시작한 때부터 피청구인 대한민국 정부가 행한 구호조치에 대한 헌법소원심판청구에 권리보호이익과 심판청구이익을 인정할 수 있는지 여부(소극)

【결정요지】

세월호 사고는 2014. 4. 16. 발생하였고, 세월호 사고에 관한 이 사건 구호조치는 이 사건 심판청구가 제기되기 전에 종료되었으므로, 이 사건 심판청구는 권리보호이익이 없다. 다만, 이 사건 심판청구에 있어 예외적으로 심판청구이익을 인정할 것인지 문제되는바, 세월호 사고와 같은 대형 해난사고로부터 국민의 생명을 보호할 국가의 포괄적 의무가 있음은 종래 헌법재판소가 해명한 바 있고, 다만 구체적인 구호조치의 내용은 관련 법령의 해석·적용의 문제로서 이미 법원을 통해 구체적인 위법성이 판단되어 그 민·형사적 책임이 인정된 상황이므로, 이 사건에서 헌법적 해명의 필요성을 이유로 예외적인 심판청구이익을 인정하기 어렵다[2024. 5. 30. 2014헌마1189].

> 재판관 김기영, 재판관 문형배, 재판관 이미선, 재판관 정정미의 반대의견
> 세월호 사고와 같이 재해에 준하는 대형 해난사고로 국민의 생명권이 위협을 받는 상황에서 국가의 기본권 보호의무 이행에 관한 문제는 앞으로 반복될 가능성이 있고, 국가의 생명권 보호의무 이행에 관한 헌법재판소의 확립된 결정은 없는 점, '관련자 개개인의 형사처벌 여부'와 '국가배상 인정 여부'에 관한 법원은 판단은 '피청구인의 헌법상 기본권 보호의무 위반 여부'의 문제와는 서로 다른 헌법적 의미를 지니고 있는 점 등을 고려할 때, 이 사건 심판청구이익을 인정할 수 있다.
> 이 사건 구호조치와 관련하여, 세월호 초기상황에 대한 정보파악과 취득에 관한 문제, 현장구조세력의 구조방식에 관한 문제, 해양경찰 지휘부의 판단 및 지휘에 관한 문제, 대통령과 청와대의 대응에 관한 문제가 복합적으로 작용함에 따라, 국민의 생명을 보호하기에 적절하고 효율적인 최소한의 조치가 이루어지지 못하게 되었고, 이는 과소보호금지원칙에 반하여 희생자들에 대한 생명권 보호의무를 다하지 않은 것으로 평가되므로, 결국 유가족인 청구인들의 행복추구권을 침해한다.

금연구역으로 지정된 연면적 1천 제곱미터 이상의 사무용건축물, 공장 및 복합용도의 건축물에서 금연의무를 부과하고 있는 국민건강증진법 제9조 제8항 중 제4항 제16호에 관한 부분이 흡연자의 일반적 행동자유권을 침해한다고 볼 수 없다[2024. 4. 25. 2022헌바163].

05. 평등권

CASE 01 헌법불합치결정에 따라 실질적인 혼인관계가 존재하지 아니한 기간을 제외하고 분할연금을 산정하도록 개정된 국민연금법 조항을 개정법 시행 후 최초로 분할연금 지급사유가 발생한 경우부터 적용하도록 하는 국민연금법 부칙 *헌법불합치결정   2024.5.30. 2019헌가29

입법자는 헌법불합치결정을 이행하기 위해 국민연금법을 개정했으며, 심판대상조항이 소급적용 경과규정을 두지 않은 것이 평등원칙에 위배되는지 판단할 때 종전 헌법불합치결정의 취지를 고려해야 한다(헌재 2019.9.26. 2018헌바218 등 참조). 종전 헌법불합치결정은 실질적인 혼인관계가 없는 이혼배우자에게도 분할연금을 인정하는 구법 조항이 노령연금 수급권자의 재산권을 침해한다고 판단했다. 따라서 신법 조항을 소급적용하여 합헌적 상태를 회복해야 한다. 심판대상조항이 분할연금 지급 사유 발생 시점을 기준으로 차별하는 것은 합리적 이유가 없으며, 소급적용을 하지 않는 것은 차별을 정당화할 이유가 없으므로 평등원칙에 위배된다.

CASE 02 — 외국인만으로 구성된 가구 중 영주권자 및 결혼이민자만을 긴급재난지원금 지급대상에 포함시키고 난민인정자를 제외한 관계부처합동 '긴급재난지원금 가구구성 및 이의신청 처리기준'이 난민인정자인 청구인의 평등권을 침해하는지 여부(적극)

2024. 3. 28. 2020헌마1079

'국민' 또는 국민과 유사한 지위에 있는 '외국인'은 기본권의 주체가 될 수 있으며, 인간의 존엄과 가치, 행복추구권은 대체로 인간의 권리로서 외국인도 주체가 될 수 있다고 보아야 하고, 평등권도 인간의 권리로서 참정권 등에 대한 성질상의 제한 및 상호주의에 따른 제한이 있을 뿐이다.

이 사건 처리기준은 외국인 중 영주권자 및 결혼이민자를 긴급재난지원금 지급대상에 포함시키면서 난민인정자는 그 대상에서 제외하고 있는바, 이와 같은 외국인 사이의 차별 취급이 평등권 침해인지 여부가 문제되는 사안이므로 기본권의 성질상 제한을 받는다거나 상호주의가 문제되는 경우가 아니어서, 청구인은 이 사건에서 기본권 주체성이 인정될 수 있다

코로나19로 인한 경제적 타격 회복을 위한 지원금 수급 자격에 있어 영주권자, 결혼이민자, 난민인정자 간에 차이가 있을 수 없다. 영주권자와 결혼이민자는 한국에 합법적으로 체류하며 난민인정자도 동일하게 취업 활동에 제한이 없고, '재한외국인 처우 기본법'은 이들을 동일하게 지원하도록 규정하고 있다. 가족관계 증명이 어렵다는 행정적 이유로 제외하는 것은 합리적 이유가 될 수 없다. 따라서 난민인정자를 긴급재난지원금 지급대상에서 제외한 것은 합리적 이유 없는 차별로, 이는 청구인의 평등권을 침해한다 (2024. 3. 28. 2020헌마1079).

CASE 03 — 지방자치단체장을 공무원연금법상 퇴직급여 및 퇴직수당의 지급 대상에서 제외하고 있는 구 공무원연금법이 인간다운 생활을 할 권리를 침해하거나 평등원칙에 반하는지 여부(소극)

2024. 4. 25. 2020헌바322

헌법재판소는 2014. 6. 26. 2012헌마459 결정에서 지방자치단체장이 공무원연금법 적용 대상에서 제외되더라도 국민연금, 사회보장 등을 통해 인간다운 생활이 보장되므로 권리 침해가 없다고 판단했다. 지방자치단체장은 경력직공무원과 근본적으로 차이가 있어 공무원연금법 적용에서 제외되는 것은 합리적 이유가 있다고 보았다. 이후 공무원연금법이 개정되어 최소 재직기간이 단축되었으나, 이는 공무원 임용 연령 제한 폐지와 국민연금 형평을 고려한 것으로, 본질적 차이를 해소하지 못했다. 따라서 선례와 달리 판단할 사정변경이나 필요성이 없으며, 심판대상조항은 인간다운 생활을 할 권리나 평등원칙을 침해하지 않는다.

CASE 04

장애보상금 지급대상을 군인으로 한정함으로써 군복무 중 질병 또는 부상으로 퇴직한 이후에 장애상태가 확정된 군인을 **장애보상금** 지급대상에서 제외하고 있는 구 군인연금법 제31조 제1항

2024.2.28. 2020헌바320

군인의 공무상 질병이나 부상으로 인한 상이연금은 사망 시까지 지급되는 반면, 장애보상금은 군복무 중 질병 또는 부상으로 전역시 일시금으로 지급된다. 장애보상금은 공무상 질병 여부와 상관없이 지급되므로, 상이연금보다 근로재해 보상 성격이 약하다. 장애보상금의 지급대상 결정은 입법자의 재량이 크며, 전역 당시 장애등급을 기준으로 하는 것은 불합리하지 않다. 질병과 장애 사이의 인과관계 입증은 혼선을 초래할 수 있고, 전역 후 장애에 대한 보상은 연금재정 운용에 부담이 된다. 따라서 전역 후 장애등급을 받은 경우를 장애보상금 지급대상에서 제외해도 평등원칙에 위반되지 않는다.

> 재판관 김기영, 재판관 김형두의 반대의견
> 장애보상금은 군복무 중 장애로 갑작스럽게 전역하는 군인의 요양 및 생활 안정을 위해 지급되는 일시금이다. 정신과적 질병이 전역 후 악화될 가능성이 있는 경우, 해당 질병의 특성을 고려한 절차와 기준에 따라 장애판정과 보상이 이루어져야 한다. 그러나 심판대상조항은 퇴직 당시 일정 수준 이상의 장애등급을 받은 경우에만 장애보상금을 지급하도록 한정하고 있어, 이는 정신장애 군인에게 불리한 차별이며 평등원칙에 위배된다.

[비교판례]

공무상 질병 또는 부상으로 '퇴직 이후에 폐질상태가 확정된 군인'에 대해서 **상이연금 지급에 관한 규정**을 두지 아니한 군인연금법 제23조 제1항이 평등의 원칙에 위배되어 헌법에 위반된다(2010.6.24. 2008헌바128).

CASE 05

현역병에 대한 국민건강보험공단의 요양비 지급문제

2024.3.28. 2021헌바97

1. 현역병이 국민건강보험공단으로부터 요양비에 관한 지급을 받을 수 있도록 규정하지 아니한 구 국민건강보험법 제60조 제1항 중 '현역병'에 관한 부분과 관련하여 현역병과 일반 건강보험가입자를 차별이 문제되는 비교집단이라 볼 수 있는지 여부(소극)

   현역병에 대한 의료지원제도는 군복무기간 동안 현역병에게 발생한 질병·부상 등에 대한 의료보장은 국가책임으로 국가가 비용을 부담하여 무상의 의료서비스를 제공하는 것을 내용으로 하며, 건강보험제도와는 별개로 설계된 의료보장 제도인바, 현역병과 일반 건강보험가입자는 의료보장의 근거가 되는 기본 법률, 재원조달방식, 자기기여 여부 등에서 명확히 구분되므로, 이 사건 법률조항과 관련하여 현역병과 건강보험가입자는 차별이 문제되는 비교집단이라 보기 어렵다.

2. **현역병이 국민건강보험공단으로부터 요양비에 관한 지급을 받을 수 있도록 규정한 개정된 법률조항을 개정법 시행 후 최초로 요양을 받은 경우부터 적용하도록 규정한 국민건강보험법 부칙 제4조 중 '현역병'에 관한 부분 평등원칙에 위반되는지 여부(소극)**

이 사건 부칙조항은 개정된 법률조항을 개정법 시행 후 최초로 제49조 제1항에 따라 질병 등에 대하여 요양을 받은 경우부터 적용하도록 규정함으로써 개정법 시행 전 요양을 받은 현역병과 개정법 시행 후 요양을 받은 현역병을 차별취급하고 있다.

요양을 받은 일자를 한정하지 않고 소급할 경우 공단 및 국방부가 안게 될 행정 부담과, 공단의 청구에 따라 요양비를 지급해야 하는 국가가 안게 되는 재정적 부담을 종합적으로 고려하여 개정법 시행 후 최초로 요양을 받은 경우부터 개정된 법률조항을 적용하기로 한 입법적 결정이 입법재량의 한계를 벗어나 현저히 자의적인 것이라고 보기 어려워, 이 사건 부칙조항은 평등원칙에 위반되지 아니한다.

CASE 06 | 치과의사에게 요양병원을 개설할 자격을 부여하지 않는 구 의료법

2024.3.28. 2020헌마387

요양병원의 입원 대상은 노인성질환자, 만성질환자, 외과적 수술 후 또는 상해 후 회복기간에 있는 자로서 주로 요양이 필요한 사람이다. 요양병원의 설치목적과 공공성, 국민의 건강을 보호하고 적정한 의료급여를 보장해야 하는 사회국가적 의무를 감안하면, 인체 전반에 관한 의료 및 보건지도를 임무로 하는 의사 및 한의사에게는 요양병원의 개설을 허용하면서, 치과 의료와 구강 보건지도를 임무로 하고 치과진료에 특화된 의료인인 치과의사에게는 요양병원의 개설을 허용하지 않고 있는 것에는, 합리적인 이유가 있다고 보아야 한다. 심판대상조항은 청구인의 평등권을 침해한다고 볼 수 없다.

CASE 07 | 이행강제금 횟수제한에 있어서 '연면적이 85제곱미터 이하인 주거용 건축물'에 대하여 총 부과 횟수가 5회를 넘지 아니하는 범위에서 해당 지방자치단체의 조례로 부과 횟수를 따로 정할 수 있도록 한 건축법

2024.1.25. 2020헌바558

오피스텔은 업무용 건축물로서 애초에 주거 용도로 건축된 건축물이 아니므로 단독주택이나 공동주택처럼 주거를 목적으로 건축된 건축물과는 명확한 차이가 있다. 그러므로 오피스텔처럼 주거 용도가 아닌 그 밖의 건축물에 대한 건축법상 위반의 경우와 달리 심판대상조항에서 영세한 건축주 등의 과도한 경제적 부담을 줄여주고 건축법 위반에 대한 시정의 어려움을 고려하여 연면적이 85제곱미터 이하인 주거용 건축물의 건축주 등에 대해 일정 횟수 이상의 이행강제금 부과를 제한한 것은 합리적인 이유가 있다고 볼 수 있다. 그렇다면 심판대상조항은 평등원칙에 위배되지 아니한다.

CASE 08 '국가, 지방자치단체, 공공기관의 운영에 관한 법률에 따른 공공기관'이 시행하는 개발사업과 달리, 학교법인이 시행하는 개발사업은 그 일체를 개발부담금의 제외 또는 경감 대상으로 규정하지 않은 '개발이익 환수에 관한 법률'

2024.5.30. 2020헌바179

국가와 지방자치단체는 개발이익의 환수 주체 또는 배분 대상으로 개발이익 환수 필요성이 낮다. 공공기관도 개발이익을 보유 후 국가사업에 사용할 수 있어 환수 필요성이 낮다. 그러나 학교법인이 시행하는 개발사업의 이익은 국가나 지방자치단체에 귀속되지 않으며, 공동체가 공평하게 향유할 수도 없다. 따라서 학교법인이 개발부담금 제외 또는 경감 대상으로 포함되지 않는 것은 합리적 이유가 있으며, 평등원칙에 위반되지 않는다.

CASE 09 전기판매사업자에게 약관의 명시·교부의무를 면제한 '약관의 규제에 관한 법률' 제3조 제2항 단서 제2호

2024.4.25. 2022헌바65

전기판매사업자는 전기사업법과 시행령에 따라 주무관청의 인가를 받은 공급약관을 마련해 소비자 보호를 일정 정도 달성할 수 있다. 전기판매사업자에게 일반 약관 거래처럼 명시·교부의무를 부과하면 상당한 비용이 발생하고 업무 효율성이 저해될 우려가 있다. 전기사용자는 한국전력공사의 사업소와 인터넷 홈페이지를 통해 공급약관을 확인할 수 있다. 따라서 전기판매사업자에게 명시·교부의무를 면제하는 것은 합리적인 이유가 있어 평등원칙에 위반되지 않는다.

CASE 10 국립대학교 법학전문대학원 불합격취소

2024.4.4. 2022두56661

국립대학교 법학전문대학원 입시에서 제칠일안식일예수재림교 신자가 종교적 신념을 이유로 불이익을 받는 경우, 국립대학교 총장은 비례의 원칙에 따라 이러한 불이익을 해소하기 위한 적극적인 조치를 취할 의무가 있으며, 이를 해소하지 않고 면접일시 변경을 거부한 총장의 행위는 헌법상 평등원칙을 위반한 것으로 위법하고, 이로 인해 발생한 불합격처분은 취소되어야 한다.

CASE 11	직계혈족, 배우자, 동거친족, 동거가족 또는 그 배우자 이외의 친족 간에 권리행사방해죄를 범한 때는 고소가 있어야 공소를 제기할 수 있도록 한 형법 제328조 제2항

판례번호 2024.06.27. 2023헌바449

심판대상조항은 가족의 가치를 중시하는 우리나라의 역사·문화적 특징이나 형벌의 보충성을 고려할 때 그 필요성을 인정할 수 있다. 친족 사이에 발생한 재산범죄의 경우 친족관계의 특성상 친족 사회 내부에서 피해의 회복 등 자율적으로 문제를 해결할 가능성이 크고 재산범죄는 피해의 회복이나 손해의 전보가 비교적 용이한 경우가 많은 점, 형사소송법은 고소권자인 피해자의 고소의 의사표시가 어려운 경우의 보완규정을 두고 있는 점을 종합하면, 피해자의 고소를 소추조건으로 하여 피해자의 의사에 따라 국가형벌권 행사가 가능하도록 한 심판대상조항은 합리적 이유가 있으므로 평등원칙에 위배된다고 보기 어렵다.

06. 신체의 자유

CASE 01	회계관계직원이 국고에 손실을 입힐 것을 알면서 그 직무에 관하여 형법 제355조 제1항(횡령, 배임)의 죄를 범한 경우 가중처벌을 하도록 한 특정범죄가중법 조항

2024.4.25. 2021헌바21

'그 밖에 국가의 회계사무를 처리하는 사람'을 회계관계직원의 범위에 포함한 것은 회계직원책임법 제2조 제1호 가목부터 차목까지 열거된 직명을 갖지 않는 사람이라도 관련 법령에 따라 국가의 회계사무를 처리하면 회계관계직원으로서의 책임을 지도록 하기 위한 것이다. 이러한 입법 취지에 비추어 보면 '그 밖에 국가의 회계사무를 처리하는 사람'이란 회계직원책임법 제2조 제1호 가목부터 차목까지에 열거된 직명을 갖지 않는 사람이라도 실질적으로 그와 유사한 회계관계업무를 처리하는 사람으로, 그 업무를 전담하는지 여부나 직위의 높고 낮음은 불문함을 예측할 수 있다. 따라서 회계직원책임법 제2조 제1호 카목 및 이를 구성요건으로 하고 있는 이 사건 특정범죄가중법 조항은 죄형법정주의의 명확성원칙에 위배되지 아니한다.

CASE 02

누구든지 선박의 감항성의 결함을 발견한 때에는 해양수산부령이 정하는 바에 따라 그 내용을 해양수산부장관에게 신고하여야 한다고 규정한 구 선박안전법 제74조 제1항 중 '선박의 감항성의 결함'에 관한 부분이 죄형법정주의의 명확성원칙에 위배되는지 여부(소극)

2024.5.30. 2020헌바234

선박안전법 제2조 제6호는 감항성을 '선박이 일정한 기상이나 항해조건에서 안전하게 항해할 수 있는 성능'으로 정의하며, 법의 목적을 '선박의 감항성 유지 및 안전운항에 필요한 사항을 규정함으로써 국민의 생명과 재산을 보호'하는 것이라고 규정하고 있다. 선박안전법은 선박의 건조 및 운항 중 여러 검사를 규정하고 있으며, 검사를 통과하지 못하는 선박은 감항성 결함이 있다고 볼 수 있다. 따라서 신고의무조항의 '선박의 감항성의 결함'은 '각종 검사 기준에 부합하지 않는 상태로, 선박의 안전 항해 성능과 직접 관련된 흠결'로 해석할 수 있어 명확성원칙에 위배되지 않는다.

07. 사생활의 비밀과 자유

CASE 01

피청구인 경북북부제2교도소장이 2020.10.7. 및 2020.11.4. 청구인의 정신과진료 현장에 각각 간호직교도관을 입회시킨 행위 및 피청구인 홍성교도소장이 2020.12.8. 및 2021.1.5. 청구인의 정신과 화상진료 현장에 각각 간호직교도관을 입회시킨 행위가 청구인의 법률유보원칙 또는 과잉금지원칙에 반하여 사생활의 비밀과 자유를 침해하는지 여부(소극)

2024.1.25. 2020헌마1725

이 사건 동행계호행위는 '형의 집행 및 수용자의 처우에 관한 법률' 제57조 제7항 및 형집행법 시행령 제83조, 이에 근거한 '수용관리 및 계호업무 등에 관한 지침' 및 교도관직무규칙 조항들에 따라 이루어진 행위로서 법률에 근거를 두고 있으므로 법률유보원칙에 반하여 청구인의 사생활의 비밀과 자유를 침해하지 않는다.

이 사건 동행계호행위는 교정사고를 예방하고 수용자 및 진료 담당 의사의 신체 등을 보호하기 위한 것이다. 청구인이 상습적으로 교정질서 문란행위를 저지른 전력이 있는 점, 정신질환의 증상으로 자해 또는 타해 행동이 나타날 우려가 있는 점, 교정시설은 수형자의 교정교화와 건전한 사회복귀를 도모하기 위한 시설로서 정신질환자의 치료 중심 수용 환경 조성에는 한계가 있는 점 등을 고려하면 이 사건 동행계호행위는 과잉금지원칙에 반하여 청구인의 사생활의 비밀과 자유를 침해하지 않는다.

CASE 02

대체복무요원 생활관 내부의 공용공간에 CCTV를 설치하여 촬영하는 행위가 대체복무요원 생활관에서 합숙하는 청구인들의 사생활의 비밀과 자유를 침해하는지 여부(소극)

2024.5.30. 2022헌마707

CCTV 촬영행위는 교정시설의 계호, 경비, 보안, 안전, 관리 등을 위한 목적에서 행해지는 것이다. CCTV 촬영행위는 대체복무 생활관에서 합숙하는 청구인들의 안전한 생활을 보호해주는 측면도 있다. 청구인들의 생활관 내부에 설치된 CCTV들은 외부인의 허가 없는 출입이나 이동, 시설의 안전, 화재, 사고 등을 확인할 수 있는 위치들에 설치되어 있고, 개별적인 생활공간에는 CCTV가 설치되어 있지 않다. 따라서 CCTV 촬영행위는 과잉금지원칙을 위반하여 청구인들의 사생활의 비밀과 자유를 침해하지 아니한다.

CASE 03 공직자윤리법

2024.2.28. 2021헌마845

1. 재산등록 의무자의 범위를 대통령령에 위임한 공직자윤리법 제3조 제1항 제13호 중 '대통령령으로 정하는 특정 분야의 공무원' 부분이 포괄위임금지원칙에 위배되는지 여부(소극)

   재산등록의무를 부담하는 특정 분야의 공무원의 범위는 해당 공무원의 권한 및 책임 범위, 대민업무의 빈도 등을 고려하여 적시에 조정될 필요가 있다. 이를 법률에서 일일이 규정하기보다 대통령령으로 정하도록 위임하는 것이 필요하며, 공직자 재산등록제도의 취지와 관련 법조항을 종합하면, 이 사건 법률조항의 위임에 따라 대통령령으로 규정될 재산등록의무자의 범위에는 경찰공무원처럼 대민업무가 빈번하고 권한 남용을 통해 비리가 발생할 가능성이 큰 직무 분야의 공무원이 포함될 것임을 예측할 수 있다. 따라서 이 사건 법률조항은 포괄위임금지원칙에 위배되지 않는다.

2. 경찰공무원 중 경사를 공직자 재산등록 의무자로 정한 이 사건 법률조항 및 구 공직자윤리법 시행령 제3조 제4항 제6호 중 '경사' 부분이 사생활의 비밀과 자유를 침해하는지 여부(소극)

공직자윤리법에 의한 재산등록제도는 재산공개제도와는 구별되는 것으로서 등록의무자가 곧바로 등록재산공개자가 되는 것이 아니고, 등록사항은 공직자윤리위원회가 심사할 뿐이며 일반인에게 그 정보가 공개되는 것이 아니다. 공직자윤리법은 등록의무자의 재산에 관한 사항이 외부에 알려지지 않도록 보호하는 조치를 마련하고 있고, 일정 가액 이상만을 등록대상으로 하여 목적달성에 필요한 최소한의 재산 정보만을 등록하도록 하였으며, 등록의무자의 부양을 받지 않는 직계존비속의 경우에는 재산신고사항의 고지를 거부할 수 있는 고지거부제도를 운용하고 있다. 따라서 심판대상조항은 과잉금지원칙에 반하여 청구인 권○○의 사생활의 비밀과 자유를 침해하지 아니한다.

3. 일반직 공무원과 경찰공무원을 달리 취급하는 심판대상조항이 평등권을 침해하는지 여부(소극)

일반직 공무원은 기술·연구 또는 행정 일반에 대한 업무를 담당하는 공무원으로서 경찰공무원과는 담당 직무가 다르고, 공무원 재산등록제도의 취지에 비추어 본 재산등록의 필요성 정도도 서로 다르다. 일반직 공무원과 달리 경찰업무의 특수성을 고려하여 경사 계급까지 등록의무를 부과한 것은 합리적인 이유가 있으므로 심판대상조항이 청구인 권○○의 평등권을 침해한다고 볼 수 없다.

08. 개인정보자기결정권

CASE 01 가족관계등록부의 재작성 신청을 혼인무효사유가 한쪽 당사자나 제3자의 범죄행위로 인한 경우로 한정한 '가족관계등록부의 재작성에 관한 사무처리지침'

2024.1.25. 2020헌마65

[사건개요]
혼인무효판결에 기하여 천안시 서북구청장에게 가족관계등록부 정정신청을 하였고 가족관계등록부가 정정되었으나, 정정된 가족관계등록부에 기초한 혼인관계증명서(상세)는 무효인 혼인의 신고에 관한 부분에 선을 긋고, 정정사유 등을 표시한 상태로 발급되었다.

1. 쟁점의 정리

   가. 무효인 혼인의 기록사항 전체에 하나의 선을 긋고, 말소 내용과 사유를 각 해당 사항란에 기재하는 방식의 정정 표시는 청구인의 인격주체성을 식별할 수 있게 하는 개인정보에 해당하고, 이와 같은 정보를 보존하는 심판대상조항은 청구인의 개인정보자기결정권을 제한한다. 따라서 심판대상조항이 과잉금지원칙을 위반하여 **청구인의 개인정보자기결정권을 침해하는지 살펴본다.**

   나. 청구인은 심판대상조항이 사생활의 비밀과 자유, 혼인과 가족생활에 관한 기본권, 행복추구권, 평등권도 침해한다고 주장한다.
   그러나 심판대상조항은 신분등록제도에 관한 규정일 뿐, **혼인과 가족생활을 스스로 결정하고 형성할 수 있는 자유를 제한하고 있다고 볼 수 없고**, 사생활의 비밀과 자유는 개인정보자기결정권의 근거조항이며, 행복추구권이나 평등권 침해 주장은 심판대상조항이 등록부 재작성 신청권자를 한정한 것이 과도하여 개인정보자기결정권을 침해한다는 주장과 다르지 않으므로, 이에 관하여도 별도로 판단하지 않는다.

2. 개인정보자기결정권 침해여부(소극)

   심판대상조항은 신분관계의 이력을 노출해 부당한 피해를 방지하면서도 가족관계등록제도의 목적을 달성하기 위한 것으로 입법목적이 정당하고, 제한적인 경우에만 가족관계등록부 재작성을 허용하는 것은 목적 달성에 적합하다. 무효인 혼인에 관한 가족관계등록부 기록사항 보존은 공적 증명이 필요한 경우도 있을 수 있어 원칙적으로 필요하며, 가정법원의 허가를 받아 재작성될 수 있어 침해의 최소성도 인정된다. 또한, 심판대상조항이 개인정보를 새로 수집·관리하는 것이 아니므로 청구인의 불이익이 중대하지 않으며, 가족관계 변동에 관한 진실성을 담보하는 공익이 더 중대하므로 법익균형성도 인정된다. 따라서 심판대상조항은 과잉금지원칙을 위반하지 않아 청구인의 개인정보자기결정권을 침해하지 않는다.

CASE 02 감염병 전파 차단을 위한 개인정보 수집의 수권조항인 구 감염병예방법

2024.4.25. 2020헌마1028

1. 쟁점의 정리

   가. 개인정보자기결정권

   심판대상조항은 보건복지부장관 또는 질병관리본부장이 법인 등에 개인정보 제공을 요청할 수 있도록 하고, 법인 등이 이에 응하도록 규정하고 있어 본인의 동의 없이 개인정보를 수집·처리할 수 있게 한다. 따라서, 심판대상조항이 과잉금지원칙을 위반하여 개인정보자기결정권을 침해하는지 문제된다.

   나. 사생활의 비밀·통신의 자유·일반적 행동의 자유

   심판대상조항으로 인해 사생활의 비밀과 자유, 통신의 자유, 일반적 행동의 자유가 제한되지만,

이는 개인정보자기결정권 보호영역과 중첩되므로, 개인정보자기결정권 침해 여부를 판단하면서 별도로 판단하지 않는다.

다. 평등권

청구인은 감염병 감염 가능성이 없는 자를 감염 가능성 있는 자와 동일하게 취급하여 평등권을 제한한다고 주장하나, 이는 심판대상조항의 광범위성으로 인한 문제를 다루는 것이므로 과잉금지원칙 위반 여부에서 검토하고 평등권 침해 여부는 별도로 판단하지 않는다.

2. 과잉금지원칙을 위반하여 개인정보자기결정권을 침해하는지 여부

가. 목적의 정당성과 수단의 적합성

이 사건 심판대상조항은 감염병 예방과 전파 차단을 위해 보건복지부장관이나 질병관리본부장이 개인정보를 요청하고 수집할 수 있도록 함으로써, 신속하고 적절한 방역조치를 취할 수 있게 한다. 이는 국민의 건강과 생명을 보호하기 위한 정당한 입법목적을 가지고 있으며, 감염 통제를 위한 진단, 추적, 격리(Test-Tracing-Treatment) 방역 전략을 효과적으로 수행할 수 있도록 정보를 신속하게 확보해 감염 확산을 저지할 수 있어 수단의 적합성도 인정된다.

나. 침해의 최소성

국가는 헌법 제34조 제6항에 따라 재해를 예방하고 국민을 보호할 의무가 있다. 감염병 확산과 같은 위험에 대해 국가의 체계적이고 총체적인 대응이 필요하며, 보건당국이 신속하고 적절한 방역조치를 취하기 위해 필요한 정보를 수집할 수 있는 충분한 권한을 가져야 한다.

(1) 재량의 법적 한계

이 사건 심판대상조항은 보건당국이 감염병환자, 감염병의사환자 및 병원체보유자 등의 인적정보를 수집할 수 있도록 하며, 그 목적과 대상을 제한하고 있다. 감염병의심자의 범위는 포괄적으로 정의되지만, 개별 감염병의 전파 방식을 예측하기 어려운 점을 고려할 때 이러한 규정형식은 불가피하다. 또한, 감염병예방법은 정보 수집 후 사후통지절차를 통해 정보주체의 절차적 권리를 보장하며, 정보 남용 가능성에 대한 사후적 통제장치도 마련하고 있다.

(2) 처분 재량의 한계

이 사건 심판대상조항은 포괄적인 수권규정의 형태를 띠고 있지만, 보건당국은 비례원칙을 준수하여 필요한 범위 내에서 정보수집을 해야 한다. 감염병 유행 상황에 맞게 신속하고 유연하게 대응할 수 있도록 보건당국의 재량을 인정하고 있으나, 이는 반드시 개인정보자기결정권의 광범위한 제한을 허용하는 것은 아니다.

(3) 소결

이 사건 심판대상조항은 합리적으로 제한된 범위 내에서 정보수집을 허용하며, 개인정보 수집 및 이용을 통제하는 법적 규범도 마련되어 있다. 따라서 이 사건 심판대상조항은 침해의 최소성을 충족한다고 할 수 있다.

다. 법익의 균형성

이 사건 심판대상조항은 감염병 예방 및 전파 차단을 위해 필요한 경우에만 개인정보를 수집하도록 규정하며, 실질적·절차적 통제 체계를 갖추고 있다. 이 조항은 예외적 상황에서 일시적으로 적용되어 개인정보자기결정권 제한의 효과가 중대하지 않다. 감염병 확산을 신속히 차단하는 공익은 국민의 생명과 건강 보호 및 사회적·경제적 손실 방지를 위해 중요하다. 따라서 개인정보자기결정권의 제한은 달성하고자 하는 공익보다 중하지 않다.

라. 소결

이 사건 심판대상조항은 과잉금지원칙을 위반하여 청구인의 개인정보자기결정권을 침해하지 않는다.

09. 양심의 자유

CASE 01 | 대체복무 기관, 기간, 합숙

2024.5.30. 2021헌마117

1. 쟁점 정리

가. 대체복무기관을 '교정시설'로 한정한 복무기관조항, 대체복무요원의 복무기간을 '36개월'로 한 기간조항, 대체복무요원의 '합숙' 복무를 강제한 합숙조항이 과도한 복무 부담을 주고 대체역을 선택하기 어렵게 만들어 양심의 자유를 침해하는지 여부를 판단한다.

나. 청구인들은 보충역에서 대체역으로 편입된 경우, 자녀가 있는 대체역의 경우에도 교정시설에서 36개월간 합숙복무를 강제하는 것이 평등권을 침해한다고 주장하나, 이는 대체역 복무가 과도하다는 취지이므로 양심의 자유 침해 여부 판단에서 함께 살펴본다.

다. 심판대상조항들이 신체의 자유, 거주·이전의 자유, 직업의 자유, 사생활의 비밀과 자유, 통신의 자유, 종교의 자유, 인격권을 침해한다는 주장은 대체역 복무 부여가 과도하다는 주장을 보충하는 것이므로, 양심의 자유 침해 여부를 판단하는 이상 별도로 판단하지 않는다.

2. 대체복무제도에 대한 입법자의 입법형성권

헌법 제39조 제1항과 병역법 제3조 제1항에 따라 국방의 의무 및 병역의무의 내용과 범위는 입법자가 헌법에 위반되지 않는 범위에서 결정할 수 있다. 입법자는 대체복무요원의 복무 내용과 범위를 정할 때 **폭넓은 입법형성권을 가지며**, 병역부담의 형평을 유지하여야 한다. 우리나라에서는 18세 이상의 남자에게 일반적인 병역의무를 부과하므로, 입법자는 전체 병역 제도의 효율적 운영과 형평성을 고려해야 한다.

3. 대체복무기관을 '교정시설'로 한정한 '대체역의 편입 및 복무 등에 관한 법률' 시행령 제18조, 대체복무요원의 복무기간을 '36개월'로 한 대체역법 제18조 제1항, 대체복무요원으로 하여금 '합숙'하여 복무하도록 한 대체역법 제21조 제2항이 청구인들의 양심의 자유를 침해하는지 여부(소극)

    가. 입법목적의 정당성

    심판대상조항은 양심의 자유를 이유로 병역 대체역을 통해 현역복무를 대신하는 사람들을 36개월 동안 교도소나 구치소에서 합숙 복무하도록 하며, 국방 의무와 양심의 자유를 조화시키며 국민의 병역 부담을 공평하게 분담하려는 입법목적은 정당하다.

    나. 수단의 적합성

    대체역법 제16조에 따라 교정시설에서 공익에 필요한 업무에 복무하는 것은 집총 등 군사훈련이 수반되지 않는 점, 현역병은 원칙적으로 출퇴근 근무를 할 수 없고 군부대 안에서 합숙복무를 하는 점, 대체복무요원 외에도 병역법상 복무기간이 36개월인 병역들이 있는 점(승선근무예비역, 전문연구요원, 공중보건의사, 공익법무관 등) 등을 고려할 때, 심판대상조항들이 대체복무요원으로 하여금 '교도소, 구치소, 교도소·구치소의 지소'에서 '36개월' 동안 '합숙'하여 복무하도록 하는 것은 위와 같은 입법목적을 달성하는 데 일응 기여하고 있는바, 그 수단의 적합성을 인정할 수 있다.

    다. 침해의 최소성

    (1) 복무기관조항

    대체복무는 군사적 역무와 관련이 없으므로 신체등급에 따라 복무기관을 달리할 필요가 없다. 현역병도 특정 병과에서 병역의무를 이행할 구체적 권리는 없다. 복무기관조항은 교정시설로 복무 장소를 제한했지만, 대체복무요원은 사회복지시설, 병원, 응급구조시설, 공공기관 등에서도 수행할 수 있는 업무를 한다. 교정시설에서의 업무가 사회복지시설 등에서의 업무와 유사하므로, 청구인들이 징벌적 처우를 받는다는 주장은 받아들이기 어렵다. 대체복무요원이 교정시설에서 복무한다고 해서 수형자와 같은 처우를 받는 것은 아니다.

    (2) 기간조항

    대체복무의 기간을 현역 복무기간보다 길게 하거나 강도를 높이는 것은 양심을 가장한 병역기피자를 막는 수단으로, 이는 불합리하지 않다. 입법자는 대체복무 기간을 36개월로 설정하여 제도의 안정적 정착을 고려한 판단을 내렸으며, 이는 국가의 안전보장과 국토방위에 중대한 영향을 미친다. 대한민국은 분단국가로서 남북 대치와 북한의 도발, 동아시아의 복잡한 안보 상황 등을 고려할 때, 대체복무의 복무기간이 징벌적이라고 보기 어렵다. 이는 병역기피를 막고 대체역 편입심사의 곤란성을 극복하는 적절한 수단이다.

    (3) 합숙조항

    합숙조항은 대체복무요원이 현역병과 형평성을 유지하며 합숙복무하도록 규정하여, 현역복무를 회피할 유인을 제거하고 대체역 편입심사의 어려움과 병역기피자의 증가 문제를 해결하려는 목적이다. 합숙복무는 대체복무기관에서 여러 요원들이 함께 생활하는 데 필요한 제한이며, 현역병과의 형평성도 고려된 것이다. 사회복무요원 등 보충역과 달리 대체복무요원에게 합숙의무가 부과된 것은 병역회피를 방지하기 위한 엄격한 기준으로, 이를 징벌적 처우로 보기 어렵다.

라. 법익의 균형성

심판대상조항들이 설정한 대체복무요원의 교정시설에서의 복무는 대체복무제의 목적과 양립하며, 현역병과의 복무 상황 및 선택권 없음을 고려하여 적절한 조치이다. 이는 국방의무와 양심의 자유 조화, 병역부담의 공정성, 국가 안전과 기본권 보호를 실현하기 위한 목적을 지향하고 있으며, 이로 인한 대체복무요원의 제한은 법익의 균형성에 부합한다.

마. 소결론

이상에서 살펴본 내용을 종합하면, 심판대상조항들이 과잉금지원칙을 위반하여 양심의 자유를 침해한다고 볼 수 없다.

CASE 02 | 감염병을 예방하기 위하여 종교집회를 제한하거나 금지하는 조치를 규정한 감염병의 예방 및 관리에 관한 법률 제49조 제1항 제2호

2024. 6. 27. 2021헌바178

1. 쟁점의 정리

심판대상조항은 보건복지부장관, 시·도지사 또는 시장·군수·구청장이 감염병을 예방하기 위하여 종교집회를 제한하거나 금지하는 조치를 하도록 규정하고 있는바, 이것이 죄형법정주의의 명확성원칙에 위반되는 것인지 문제된다. 또한 감염병이 전파된 곳에 대하여 사후적인 방역조치가 가능함에도 사전적으로 집회제한 등 조치를 하는 것이 과잉금지원칙에 위반되어 청구인의 종교의 자유를 침해하는지 여부가 문제된다.

2. 감염병을 예방하기 위하여 종교집회를 제한하거나 금지하는 조치를 하도록 규정한 구 '감염병의 예방 및 관리에 관한 법률' 제49조 제1항 제2호 중 '집회' 가운데 '종교집회'에 관한 부분이 죄형법정주의의 명확성원칙에 위반되는지 여부(소극)

가. 죄형법정주의의 의미

죄형법정주의의 명확성 원칙은 처벌 행위와 형벌을 누구나 예견할 수 있게 명확히 규정해야 한다는 것이다. 그러나 모든 구성요건을 단순한 서술적 확정개념으로 규정할 필요는 없으며, 다소 광범위한 개념도 통상의 해석방법으로 보호법익과 금지된 행위 및 처벌의 종류와 정도를 알 수 있다면 명확성 원칙에 반하지 않는다. 지나치게 구체적인 규정은 다양한 생활관계를 규율하기 어렵게 하므로, 불확정 개념을 사용해도 합리적이고 객관적인 기준이 있으면 된다. 명확성 원칙 위반 여부는 입법목적, 입법취지, 입법연혁, 다른 규정들과의 상호관계를 종합적으로 고려해야 한다.

나. 구체적 판단

심판대상조항은 집회제한 등 조치의 부과주체를 '보건복지부장관, 시·도지사 또는 시장·군수·구청장'이라고 명기하고 있고, '감염병의 예방 및 관리에 관한 법률' 제2조는 예방조치가 요구되는 감염병의 종류를 명확하고 구체적으로 규정하고 있다. 또한 '예방'은 질병이나 재해 따위가 일어나기 전에 미리 대처하여 막는다는 것이므로 그 의미가 명확하기에 심판대상조항 중 '감염병을 예방하기 위하여' 부분이 불명확하다고 볼 수 없다. 심판대상조항을 근거로 발령되는 방역당국의 집회제한 등 조치는 그 성격상 특정 상대방에게 장소와 시기를 특정하여 집회를 제한하거나 금지하는 조치를 지시하는 내용이 될 수밖에 없기에 금지의무의 구체적인 내용이 행위자에게 인식될 수 있다. 따라서 심판대상조항에 의하여 처벌되는 대상이 무엇인지 불명확하다거나 집회제한 등 조치의 수범자가 그것을 예측하기 어렵다고 볼 수는 없으므로, 심판대상조항은 죄형법정주의의 명확성원칙에 위반되지 않는다.

3. 심판대상조항이 과잉금지원칙에 위반되어 종교의 자유를 침해하는지 여부(소극)

가. 목적의 정당성 및 수단의 적합성

심판대상조항은 집회제한 등을 통해 국민의 생명과 건강을 보호하려는 정당한 목적을 가지고 있으며, 감염병 확산 차단을 위해 종교집회를 제한하는 것은 효과적인 수단으로서 적합성도 인정된다.

나. 피해의 최소성

감염병은 예측이 어려워 신속한 국가 개입이 필요하다. 심판대상조항은 보건당국이 필요하고 적절한 조치를 취할 수 있도록 폭넓은 재량을 부여한다. 집회제한 조치는 감염병 전파를 차단하기 위한 것이며, 사법적 통제와 비례원칙에 부합하여 피해의 최소성을 준수한다.

다. 법익의 균형성

대규모 감염병 발생 가능성이 상존하며, 심판대상조항은 이러한 위험으로부터 국민의 생명과 건강을 보호하는 중대한 공익을 가진다. 종교의 자유 제한 정도가 더 크다고 단정하기 어렵기 때문에 법익의 균형성 원칙도 충족된다.

마. 소결

심판대상조항은 과잉금지원칙을 위반하여 종교의 자유를 침해하지 않는다.

3. 기타 주장에 대한 판단

가. 평등권 침해 주장

청구인은 방역조치 2.5단계에서 종교시설이 공연장이나 영화관과 다르게 취급되어 평등권이 침해된다고 주장하나, 이는 방역당국의 구체적 조치에서 비롯된 것이며 심판대상조항 자체에서 기인한 것이 아니다.

나. 정교분리 원칙 위반 주장

청구인은 심판대상조항이 정교분리 원칙을 위반한다고 주장하나, 심판대상조항은 참가자들 간의 거리 확보를 목적으로 하므로 종교시설에 차별 취급이 발생한다고 볼 수 없어 정교분리 원칙 위반 문제는 없다.

10. 표현의 자유

CASE 01 집회소음 기준

2024.3.28. 2020헌바586

1. 집회 또는 시위의 주최자가 대통령령으로 정하는 기준을 위반한 소음을 발생시키는 것을 금지한 '집회 및 시위에 관한 법률' 제14조 제1항이 죄형법정주의 및 포괄위임금지원칙에 위배되는지 여부(소극)

   집회 또는 시위에서 발생하는 소음의 제한과 관련하여 세부적인 사항은 대상지역, 시간대, 측정방법 등을 고려하여 탄력적으로 정할 필요가 있다. '집회 및 시위에 관한 법률' 제14조 제1항은 '타인에게 심각한 피해를 주는 소음'으로 대통령령이 규정할 소음기준을 정하고 있고, 이에 따라 대통령령에서 대상지역이나 시간대 등을 고려하여 소음기준이 정해질 것임을 충분히 예측할 수 있으므로, '집회 및 시위에 관한 법률' 제14조 제1항은 죄형법정주의 및 포괄위임금지원칙에 위배되지 않는다.

2. 집회 또는 시위의 주최자가 확성기 등을 사용하여 기준을 초과하는 소음을 발생시키는 것을 금지하고 관할경찰관서장의 기준 이하 소음유지명령이나 확성기 등 사용중지명령을 위반한 경우 처벌하는 '집회 및 시위에 관한 법률' 제14조 제1항, 제2항 중 '그 기준 이하의 소음 유지 또는 확성기 등의 사용중지를 명할 수 있다'에 관한 부분 및 제24조 제4호 중 '제14조 제2항에 따른 명령을 위반한 자'에 관한 부분이 과잉금지원칙에 위배되는지 여부(소극)

   심판대상조항은 집회의 자유와 국민의 평온한 생활의 조화를 도모하기 위한 것으로, 집회의 목적 달성의 범위를 넘는 심각한 피해를 주는 소음까지 감내해야 할 의무가 있다고 보기는 어렵고, 기준을 초과하는 소음을 발생시킬 뿐 아니라 소음유지명령 등을 위반한 경우에 한하여 형사처벌하도록 정하고 있으므로 과잉금지원칙에 위배되어 집회의 자유를 침해하지 않는다.

CASE 02 | 조합장선거에서 후보자가 아닌 사람의 선거운동을 금지하고, 이를 위반하면 처벌하는 '공공단체등 위탁선거에 관한 법률'
2024.2.28. 2021헌가16

조합장선거의 과열과 혼탁 방지를 위해 후보자가 아닌 사람의 선거운동을 전면 금지하고 형사처벌하는 것은 정당한 입법목적이다. 이는 선거의 공정성을 담보하기 위한 적정한 수단이며, 후보자 혼자 선거운동을 하는 것이 물리적으로 불가능하지 않으므로 침해의 최소성원칙에도 반하지 않는다. 후보자는 가족이나 선거사무원을 통한 선거운동이 제한되지만, 조합장선거의 공정성 확보라는 공익이 더 크다. 따라서 법익의 균형성 또한 충족된다.

CASE 03 | 18세 미만의 미성년자는 선거운동을 할 수 없도록 정한 공직선거법
2024.5.30. 2020헌마1743

선거운동제한조항은 18세 미만인 사람의 선거운동만을 제한하고 있을 뿐, 선거에 관한 단순한 의견개진 및 의사표시, 정당의 후보자 추천에 관한 단순한 지지·반대의 의견개진 및 의사표시 등은 제한하지 않은 점, 18세가 되면 선거운동의 자유를 행사할 수 있는 점, 선거운동의 자유는 선거권 행사의 전제인 점 등을 종합하면, 입법자가 선거운동의 자유가 인정되는 연령을 18세 이상으로 정한 것이 불합리하다고 보기 어렵고, 선거운동제한조항은 18세 미만인 사람들의 선거운동의 자유를 침해하지 않는다.

CASE 04 | 성범죄자의 공개정보를 확인한 자는 공개정보를 활용하여 정보통신망을 이용한 공개 행위를 하여서는 아니 된다고 규정한 '아동·청소년의 성보호에 관한 법률'이 표현의 자유를 침해하는지 여부(소극)
2024.2.28. 2020헌마801

성범죄자의 신상정보를 공개하는 것은 성범죄를 예방하고, 잠재적인 피해자와 지역사회를 보호하며, 아동·청소년의 성을 보호하고 사회방위를 도모하기 위한 것이다. 심판대상조항은 성범죄자의 인격권 침해를 제한하기 위해 정보통신망을 이용한 공개 행위를 금지하고, 이 목적의 정당성은 인정된다. 또한 정보통신망을 이용한 공개 행위를 금지하고 위반시 형사처벌하는 것은 적합한 수단이다. 성범죄자의 신상정보는 실명인증 절차 등을 거쳐 누구나 확인할 수 있고, 관할 지역의 아동·청소년 친권자에게 상세주소까지 우편으로 고지된다. 따라서 정보의 접근이 제한적이라거나 공개제도의 취지가 달성되기 어렵다고 보기는 힘들다. 심판대상조항은 침해의 최소성을 갖추고 법익의 균형성도 갖추었다.

CASE 05 — 경찰관서에서 수집한 개인영상정보의 보유기간을 30일로 정한 '경찰청 영상정보처리기기 운영규칙' 제10조 제1항 본문

2024.2.28. 2021헌마40

1. 쟁점의 정리

가. 알 권리 침해 여부

보유기간 조항은 개인영상정보의 보유기간을 30일로 제한하여 청구인의 알 권리를 침해하는지 여부가 문제된다.

나. 통신의 자유 침해 여부

청구인은 보유기간 조항이 통신의 자유를 침해한다고 주장하지만, 이는 헌법 제18조가 보호하는 통신의 비밀과 관련이 없으므로 따로 다루지 않는다.

다. 인간 존엄성과 신체의 자유 침해 여부

청구인은 보유기간 조항이 위법한 수사로 인한 유죄 판결과 관련하여 인간의 존엄성과 신체의 자유를 침해한다고 주장하지만, 이는 간접적이고 가정적인 불이익에 불과하여 따로 다루지 않는다.

라. 평등권 침해 여부

청구인은 경찰관서의 수사사무실과 유치장 외 공간의 보유기간이 달라 평등권을 침해한다고 주장하지만, 이는 보유기간이 과도하게 짧다는 주장과 다르지 않아 따로 다루지 않는다.

2. 경찰관서에서 수집한 개인영상정보의 보유기간을 30일로 정한 '경찰청 영상정보처리기기 운영규칙' 제10조 제1항 본문이 해당 영상정보에 대하여 정보공개청구를 한 청구인의 알 권리를 침해하는지 여부(소극)

보유기간 조항이 개인영상정보의 보유기간을 30일로 제한한 것은 수사기관에서 CCTV 등 영상정보처리기기로 수집된 개인영상정보가 정보주체의 의사와 무관하게 무단히 유출되거나 이용됨으로써 영상에 녹화된 개인의 사생활이 침해되거나 수사기관의 수사 또는 조사에 대한 정보 등이 유출되는 것을 차단하기 위한 것으로 그 입법목적의 정당성 및 수단의 적합성이 인정된다. 개인영상정보의 보유 목적, 처리 주체, 설치 장소 등을 종합적으로 고려할 때 30일의 기간이 지나치게 짧다고 볼 수 없으므로 침해의 최소성도 충족한다. 경찰관서에서 수집된 개인영상정보의 보유기간을 30일로 제한함으로써 사생활 침해나 정보유출을 최소화하려는 공익이 정보공개청구권자가 그 기간을 초과하여 해당 정보를 열람하거나 이용할 사익보다 작다고 볼 수 없으므로 법익의 균형성도 충족한다. 따라서 보유기간 조항은 과잉금지원칙에 위배되어 청구인의 알 권리를 침해하지 아니한다.

11. 재산권

CASE 01 유류분 사건

2024.4.25. 2020헌가4

[심판대상조항]

민법 제1112조【유류분의 권리자와 유류분】 상속인의 유류분은 다음 각 호에 의한다.
 1. 피상속인의 직계비속은 그 법정상속분의 2분의 1
 2. 피상속인의 배우자는 그 법정상속분의 2분의 1
 3. 피상속인의 직계존속은 그 법정상속분의 3분의 1
 4. 피상속인의 형제자매는 그 법정상속분의 3분의 1

제1113조【유류분의 산정】 ① 유류분은 피상속인의 상속개시시에 있어서 가진 재산의 가액에 증여재산의 가액을 가산하고 채무의 전액을 공제하여 이를 산정한다.
 ② 조건부의 권리 또는 존속기간이 불확정한 권리는 가정법원이 선임한 감정인의 평가에 의하여 그 가격을 정한다.

제1114조【산입될 증여】 증여는 상속개시전의 1년간에 행한 것에 한하여 제1113조의 규정에 의하여 그 가액을 산정한다. 당사자 쌍방이 유류분권리자에 손해를 가할 것을 알고 증여를 한 때에는 1년 전에 한 것도 같다.

제1115조【유류분의 보전】 ① 유류분권리자가 피상속인의 제1114조에 규정된 증여 및 유증으로 인하여 그 유류분에 부족이 생긴 때에는 부족한 한도에서 그 재산의 반환을 청구할 수 있다.
 ② 제1항의 경우에 증여 및 유증을 받은 자가 수인인 때에는 각자가 얻은 유증가액의 비례로 반환하여야 한다.

제1116조【반환의 순서】 증여에 대하여는 유증을 반환받은 후가 아니면 이것을 청구할 수 없다.

제1118조【준용규정】 제1001조, 제1008조, 제1010조의 규정은 유류분에 이를 준용한다.

[관련조항]

민법(2014.12.30. 법률 제12881호로 개정된 것)

제1001조 【대습상속】 전조 제1항 제1호와 제3호의 규정에 의하여 상속인이 될 직계비속 또는 형제자매가 상속개시 전에 사망하거나 결격자가 된 경우에 그 직계비속이 있는 때에는 그 직계비속이 사망하거나 결격된 자의 순위에 갈음하여 상속인이 된다.

제1008조 【특별수익자의 상속분】 공동상속인 중에 피상속인으로부터 재산의 증여 또는 유증을 받은 자가 있는 경우에 그 수증재산이 자기의 상속분에 달하지 못한 때에는 그 부족한 부분의 한도에서 상속분이 있다.

제1010조 【대습상속분】 ① 제1001조의 규정에 의하여 사망 또는 결격된 자에 갈음하여 상속인이 된 자의 상속분은 사망 또는 결격된 자의 상속분에 의한다.
② 전항의 경우에 사망 또는 결격된 자의 직계비속이 수인인 때에는 그 상속분은 사망 또는 결격된 자의 상속분의 한도에서 제1009조의 규정에 의하여 이를 정한다. 제1003조 제2항의 경우에도 또한 같다.

민법(2005.3.31. 법률 제7427호로 개정된 것)

제1008조의2 【기여분】 ① 공동상속인 중에 상당한 기간 동거·간호 그 밖의 방법으로 피상속인을 특별히 부양하거나 피상속인의 재산의 유지 또는 증가에 특별히 기여한 자가 있을 때에는 상속개시 당시의 피상속인의 재산가액에서 공동상속인의 협의로 정한 그 자의 기여분을 공제한 것을 상속재산으로 보고 제1009조 및 제1010조에 의하여 산정한 상속분에 기여분을 가산한 액으로써 그 자의 상속분으로 한다.

[주문]
1. 2020헌가4 사건의 위헌법률심판제청을 각하한다.
2. 민법(1977.12.31. 법률 제3051호로 개정된 것) 제1112조 제4호는 헌법에 위반된다.
3. 민법(1977.12.31. 법률 제3051호로 개정된 것) 제1112조 제1호부터 제3호 및 제1118조는 모두 헌법에 합치되지 아니한다. 위 조항들은 2025.12.31.을 시한으로 입법자가 개정할 때까지 계속 적용된다.
4. 민법(1977.12.31. 법률 제3051호로 개정된 것) 제1113조, 제1114조, 제1115조, 제1116조는 모두 헌법에 위반되지 아니한다.

1. 쟁점정리

   가. 제한되는 기본권

   심판대상조항에 따른 유류분제도는 그 구체적 내용에 비추어 볼 때, 피상속인의 증여나 유증에 의한 자유로운 재산처분을 제한하고, 피상속인으로부터 증여나 유증을 받았다는 이유로 유류분반환청구의 상대방이 되는 자의 재산권을 역시 제한한다. 따라서 이하에서는 심판대상조항에 따른 유류분제도가 헌법상 재산권을 침해하여 헌법에 위반되는지 여부에 대하여 살펴본다.

   나. 심사기준

   상속제도나 상속권의 내용은 입법자가 입법정책적으로 결정하여야 할 사항으로서 원칙적으로 입법자의 입법형성의 자유에 속한다고 할 것이지만, 입법자가 상속제도나 상속권의 내용을 정함에 있어서 입법형성권을 자의적으로 행사하여 헌법 제37조 제2항이 규정하는 기본권제한의 입법한계를 일탈하는 경우에는 그 법률조항은 헌법에 위반된다. 넓은 의미로 유류분은 상속인의 구체적 상속분을 산정하기 위한 하나의 절차라는 점에서 상속제도나 상속권의 한 내용으로 볼 수 있으므로, 유류분과 관련한 민법 조항의 위헌성 여부를 심사함에 있어 이러한 심사기준을 동일하게 적용하여 판단하여야 할 것이다.

2. 민법 제1112조, 제1113조, 제1114조, 제1115조, 제1116조, 제1118조에 따른 유류분제도의 입법목적의 정당성과 수단의 적합성이 인정되는지 여부(적극)

유류분제도는 피상속인의 재산처분행위로부터 **유족들의 생존권을 보호**하고, 법정상속분의 일정비율을 유류분으로 산정하여 **상속재산에 대한 기여와 기대를 보장**하려는 입법목적은 정당하다. 유류분은 피상속인이 재산을 법정상속에서 벗어난 형태로 처분하는 것을 제한하여 가족의 연대가 단절되는 것을 방지한다. 현대 사회의 변화에도 불구하고, 가족의 경제적·정서적 지원 역할은 여전히 중요하며, 유류분제도는 이러한 역할을 지지한다. 유류분제도는 상속인의 상속재산 기대를 보장하며, 피상속인의 재산처분행위로부터 유족들의 생존권을 보호하는 데 적합한 수단이다.

3. 유류분상실사유를 별도로 규정하지 아니한 민법 제1112조 제1호부터 제3호 및 형제자매의 유류분을 규정한 민법 제1112조 제4호가 재산권을 침해하여 헌법에 위반되는지 여부(적극)

유류분권리자와 유류분을 개별적으로 적정하게 입법하는 것이 현실적으로 매우 어려운 점, 법원이 구체적 사정을 고려하여 정하도록 하는 것은 법원의 과도한 부담 등을 초래할 수 있는 점 등을 고려하면, 민법 제1112조가 유류분권리자와 유류분을 획일적으로 규정한 것이 매우 불합리하다고 단정하기 어렵다. 그러나 패륜적인 상속인의 유류분을 인정하는 것은 일반 국민의 법감정과 상식에 반한다고 할 것이므로, 민법 제1112조 제1호부터 제3호가 유류분상실사유를 별도로 규정하시 아니한 것은 불합리하고 기본권제한입법의 한계를 벗어나 헌법에 위반된다.

또한 상속재산형성에 대한 기여나 상속재산에 대한 기대 등이 거의 인정되지 않는 피상속인의 형제자매에게까지 유류분을 인정하는 민법 제1112조 제4호 역시 불합리하고 기본권제한입법의 한계를 벗어나 헌법에 위반된다.

4. 유류분은 피상속인의 상속개시시에 있어서 가진 재산의 가액에 증여재산의 가액을 가산하고 채무의 전액을 공제하여 이를 산정하도록 한 민법 제1113조, 증여는 상속개시전의 1년간에 행한 것에 한하여 유류분 산정 기초재산에 산입되는 증여의 범위에 포함시키는 민법 제1114조 전문이 재산권을 침해하여 헌법에 위반되는지 여부(소극)

민법 제1113조는 유류분권리자를 보호하는 한편, 공정하고 객관적인 유류분의 산정을 위한 것으로 수긍할 수 있고, 민법 제1114조 전문은 선의의 수증자를 보호하고 거래의 안전을 위한 것으로서 합리적이라 할 것이므로 위 조항들은 재산권을 침해하지 않는다.

5. 당사자 쌍방이 유류분권리자에 손해를 가할 것을 알고 증여(해의에 의한 증여)를 한 때에는 1년 전도 유류분 산정 기초재산에 산입되는 증여의 범위에 포함시키는 민법 제1114조 후문 및 공동상속인 중 특별수익자의 상속분에 관한 민법 제1008조를 준용하는 민법 제1118조 부분이 재산권을 침해하여 헌법에 위반되는지 여부(소극)

민법 제1114조 후문은 유류분권리자에 대한 해의로 증여가 이루어진 경우, 그 시기를 불문하고 유류분 산정 기초재산에 산입하도록 규정하여 유류분권리자를 두텁게 보호한다. <u>유류분 산정 기초재산에 포함되는 공동상속인의 증여재산은 민법 제1008조를 준용하여, 모든 증여재산을 포함하도록 한다.</u> 즉 공동상속인이 피상속인으로부터 생전에 특별수익으로 증여를 받은 경우에는 그러한 증여는 **그 시기를 불문하고 모두 유류분 산정 기초재산에 산입된다.** 이는 유류분권리자를 보호하고 관계 당사자들의 이해관계를 합리적으로 조정하기 위한 것으로, 재산권을 침해하지 않는다.

6. 유류분 부족분을 원물로 반환하도록 하고, 증여 및 유증을 받은 자가 수인인 경우 각자가 얻은 각각의 가액에 비례하여 반환하도록 하고 유증을 증여보다 먼저 반환하도록 한 민법 제1115조(유류분의 보전), 제1116조(반환의 순서)를 준용하도록 한 민법 제1118조 부분이 재산권을 침해하여 헌법에 위반되는지 여부(소극)

민법 제1115조 제1항은 피상속인의 증여 또는 유증으로 인하여 유류분권리자가 받은 상속재산이 자신의 유류분에 부족한 때에 그 부족한 한도에서만 유류분반환을 청구할 수 있도록 규정하고 있다. 이는 유류분을 침해하는 증여 또는 유증을 당연히 무효로 하지 않고, 단지 피상속인의 증여 또는 유증으로 인하여 유류분권리자가 유류분에 미치지 못하는 상속재산을 받게 될 때 비로소 그 부족분에 한하여 유류분반환을 청구할 수 있도록 함으로써 유류분권리자의 보호와 함께 상대방인 수증자(또는 수유자)와의 이해관계 및 거래의 안전을 모두 합리적으로 고려하고 있는 것이다.

<u>민법 제1115조 제2항은 유류분의 반환시 유증 또는 증여를 받은 자가 수인인 경우 각자가 얻은 증여가액 또는 유증가액의 비례로 반환하도록 규정하여 수인의 유류분반환의무자 사이의 공평하고 합리적인 부담을 도모하고 있다.</u>

<u>민법 제1116조는 증여와 유증이 병존하는 경우 그 순서와 관련하여 유류분권리자가 유증을 먼저 반환받은 후 그것으로도 부족한 경우에 비로소 증여에 대하여 반환청구를 할 수 있도록 규정하고 있다.</u> 이는 증여가 상속개시에 앞서 유증보다 먼저 효력이 발생한 것이므로 수증자의 신뢰보호의 필요성이 수유자보다 더 크다는 점을 고려하고, 유류분반환청구로부터 거래의 안전을 최대한 보호하기 위한 것이다.

7. 기여분에 관한 민법 제1008조의2를 유류분에 준용하는 규정을 두지 아니한 민법 제1118조가 재산권을 침해하여 헌법에 위반되는지 여부(적극)

기여분에 관한 민법 제1008조의2를 유류분에 준용하는 규정을 두고 있지 않은 민법 제1118조는, **피상속인을 오랜 기간 부양하거나 상속재산형성에 기여한 기여상속인이 기여의 대가로 받은 증여재산을 비기여상속인에게 반환하여야 하는 부당한 상황을 발생시키고,** 기여상속인에게 보상을 하려고 한 피상속인의 의사를 부정하는 불합리한 결과를 초래하는 등 현저히 불합리하므로 기본권제한입법의 한계를 일탈하여 헌법에 위반된다.

8. **형제자매의 유류분을 규정한 민법 제1112조 제4호에 대하여 단순위헌을, 유류분상실사유를 별도로 규정하지 아니한 민법 제1112조 제1호부터 제3호와 기여분에 관한 제1008조의2를 유류분에 준용하는 규정을 두지 아니한 민법 제1118조에 대하여 계속적용 헌법불합치결정을 각 선고한 사례**

형제자매의 유류분을 규정한 민법 제1112조 제4호는 위헌결정을 통하여 재산권에 대한 침해를 제거함으로써 합헌성이 회복될 수 있으므로 단순위헌을 선언한다. 하지만 민법 제1112조 제1호부터 제3호와 기여분에 관한 제1008조의2를 유류분에 준용하는 규정을 두지 아니한 민법 제1118조에 대하여 위헌결정을 선고하여 효력을 상실시키면, 법적 혼란이나 공백 등이 발생할 우려가 있으므로, 위 조항들에 대하여는 2025.12.31.까지 계속적용을 명하는 헌법불합치결정을 선고하기로 한다.

유류분 판례 요약

1. 유류분상실사유를 별도로 규정하지 않은 민법 제1112조(헌법불합치결정)가 패륜적인 상속인의 유류분을 인정하는 것은 일반 국민의 법감정과 상식에 반한다. 유류분상실사유를 규정하지 않은 것은 불합리하며, 기본권제한입법의 한계를 벗어나 헌법에 위반된다.
2. 피상속인의 형제자매를 유류분권리자로 규정한 부분(위헌결정)이 형제자매는 상속재산 형성에 대한 기여나 상속재산에 대한 기대가 거의 인정되지 않는다. 형제자매에게 유류분을 인정하는 것은 불합리하며, 기본권제한입법의 한계를 벗어나 헌법에 위반된다.
3. 피상속인의 직계비속, 배우자 및 직계존속의 유류분 규정 부분(헌법불합치결정)이 유류분권리자와 유류분을 획일적으로 규정한 것은 구체적인 사정을 반영하지 않아 불합리할 수 있다. 또한, 직계비속과 배우자를 동일하게 취급하는 것은 상속재산 형성에 대한 기여와 생존권 보호 필요성이 다른 점을 고려하지 않은 것으로, 입법 개선이 필요하다.
4. 유류분은 피상속인의 상속개시 시점에서 가진 재산에 증여재산을 가산하고 채무를 공제하여 산정하되 상속개시 전 1년간의 증여만 산입하고 유류분권리자에 손해를 가할 의도로 한 증여는 1년 전 것도 산입하도록 한 민법이 유류분 산정 기초재산에 산입되는 증여의 범위와 조건부 권리 등의 가격을 정하는 부분은 재산권 침해가 아니므로 헌법에 위반되지 않는다.
5. 유류분 부족분을 원물로 반환하도록 하고, 증여 및 유증을 받은 자가 수인인 경우 각자가 얻은 각각의 가액에 비례하여 반환하도록 하고 유증을 증여보다 먼저 반환하도록 한 민법 제1115조(유류분의 보전), 제1116조(반환의 순서)는 헌법에 위반되지 않는다.
6. 기여분에 관한 민법 제1008조의2를 유류분에 준용하는 규정을 두지 않은 민법 제1118조는, 피상속인을 오랜 기간 부양하거나 상속재산 형성에 기여한 기여상속인이 받은 증여재산을 비기여상속인에게 반환해야 하는 부당한 상황을 초래하고, 피상속인의 기여상속인에 대한 보상 의사를 부정하는 불합리한 결과를 발생시켜 기본권제한입법의 한계를 벗어나 헌법에 위반된다.

CASE 02 살처분된 가축의 소유자가 축산계열화사업자인 경우에는 계약사육농가의 수급권 보호를 위하여 보상금을 계약사육농가에 지급한다고 규정한 '가축전염병 예방법'

2024.5.30. 2021헌가3

가축의 살처분으로 인한 재산권 제약은 헌법 제23조 제3항에 따른 보상을 요하는 수용이 아니며, 사회적 제약의 범위에 속한다. 그러나 가혹한 부담이 발생하는 예외적인 경우에는 보상규정이 필요하다. 심판대상조항은 축산계열화사업자의 경제적 손실을 충분히 보상하지 않아 재산권을 침해하지만, 단순위헌결정은 불합리한 결과를 초래할 수 있다.

심판대상조항은 축산계열화사업자가 입은 경제적 손실을 충분히 보상하지 않아, 교섭력이 약한 계약사육농가의 보호를 넘어서는 개입으로 축산계열화사업자의 재산권을 침해한다. 살처분 보상금을 계약사육농가에게만 지급하는 방식은 축산계열화사업자의 부담을 완화하기에 적절하지 않다. 보상금을 축산계열화사업자와 계약사육농가에게 개인별로 지급하는 것은 입법기술상 가능하므로, 심판대상조항은 입법형성재량의 한계를 벗어나 재산권을 침해한다.

CASE 03 기초생활수급자 또는 임대차보호법상 소액임차인의 청구권을 면책제외 채권에 포함시키지 아니한 '채무자 회생 및 파산에 관한 법률'

2024.1.25. 2020헌마727

심판대상조항은 면책이 제한되는 청구권을 명확히 규정하고 있으며, 예외적으로 특정 채권을 면책 대상에서 제외할 수 있는 여지를 두지 않는다. 이는 변제의 합리성과 공평성을 유지하기 위해 불가피한 규율이다. 또한, 주택임대차보호법과 '채무자 회생 및 파산에 관한 법률'에 따른 소액임차인의 우선변제권 등을 고려할 때, 사회보장수급권자가 다른 사인에 대해 가지는 채권에 우선권을 부여하는 것은 사회보장수급권의 본질에 부합하지 않는다. 심판대상조항은 침해의 최소성을 충족하며, 면책된 개인회생채권이 소 제기 권능을 상실하지만, 보증인에 대한 권리에는 영향을 미치지 않으므로 공익이 사익보다 중대하다. 따라서 심판대상조항은 과잉금지원칙을 위반하지 않으며, 청구인의 재산권을 침해하지 않는다.

CASE 04 — 인가를 받은 리모델링주택조합이 리모델링 결의에 찬성하지 아니하는 자의 주택 및 토지에 대하여 매도청구를 할 수 있도록 하는 주택법

2024.5.30. 2020헌바472

심판대상조항은 리모델링사업이 원활하게 추진될 수 있도록 하여 건물의 노후화를 억제하거나 기능 향상 등을 통해 국민의 주거를 안정화시키기 위한 것이다. 주택법은 리모델링주택조합 설립인가를 받기 위한 구분소유자의 동의율을 엄격히 규정하고, 시장·군수·구청장이 관장하는 안전진단, 안전성 검토결과의 적정성에 대한 중앙건축위원회의 심의 요청 등 규정을 두어 무분별한 리모델링사업의 시행을 방지하고 있다. 리모델링주택조합이 설립되었다고 하여도 매도청구권을 행사하기 위해서는 리모델링 결의가 선행되어야 한다. 그 외에도 주택법은 매도청구권 행사 이전의 회답기간 및 행사시기를 엄격히 제한하고, 개발이익이 포함된 가격인 시가를 매매대금으로 명시하며, 일정한 경우 건물 명도에 대하여 적당한 기간을 허락할 수 있게 하여 상대방의 재산권이 침해될 가능성을 최소화하고 있는 점 등을 고려하면 심판대상조항은 과잉금지원칙에 위배되어 재산권을 침해한다고 할 수 없다.

CASE 05 — 주택임대 갱신 사건

2024.2.28. 2020헌마1343

1. 임차인이 계약갱신을 요구할 경우 임대인이 정당한 사유 없이 이를 거절하지 못하도록 한 주택임대차법 제6조의3 제1항, 제3항 본문, 갱신되는 임대차의 차임과 보증금 증액한도를 규정한 제6조의3 제3항 단서 중 제7조 제2항에 관한 부분, 임대인이 실제 거주를 이유로 갱신 거절 후 정당한 사유 없이 제3자에게 임대한 경우의 손해배상책임 및 손해액을 규정한 제6조의3 제5항, 제6항이 과잉금지원칙에 반하는지 여부(소극)
계약갱신요구 조항, 차임증액한도 조항, 손해배상 조항은 임차인의 주거안정을 보장하기 위한 것으로 입법목적의 정당성과 수단의 적합성이 인정된다. 갱신요구권의 행사 기간 및 횟수가 제한되며, 차임증액 한도도 설정되어 있어 피해최소성 원칙에도 부합한다. 임차인의 주거안정이라는 공익이 임대인의 계약의 자유와 재산권 제한보다 크므로 법익 균형성도 인정된다.

2. 개정 법률 시행 당시 존속 중인 임대차에도 개정 조항을 적용하도록 한 주택임대차법 부칙 제2조가 신뢰보호원칙에 위반되는지 여부(소극)
개정 법률 시행 당시 존속 중인 임대차에도 개정 조항을 적용하도록 한 부칙조항은 신뢰보호원칙에 위배되지 않는다. 계약갱신요구권 도입에 대해 예측 가능성이 있었고, 임차인의 주거안정 보장이라는 공익이 임대인의 신뢰이익보다 크기 때문이다.

12. 직업의 자유

CASE 01 | 법정 중개보수
2024.1.25. 2021헌마1446

1. **법정 중개보수 한도를 하위법령에 위임한 공인중개사법 제32조 제4항 중 중개보수에 관한 부분이 포괄위임금지원칙을 위반하여 청구인의 직업수행의 자유를 침해하는지 여부(소극)**
   중개보수 위임조항은 경제사정 및 시장상황에 따라 보수를 적절히 현실화하기 위하여 하위법령에 위임한 것으로, 일반적 거래관행에 비추어 볼 때 하위법령에 규정될 내용이 중개대상물의 거래금액에 따른 일정 비율에 의하여 보수를 정하는 것이고, 이에 따라 필요한 경우 그 기준을 중심으로 상하한을 구체적으로 정하게 될 것임을 예측할 수 있다. 따라서 중개보수 위임조항은 포괄위임금지원칙에 위반되어 청구인의 직업수행의 자유를 침해하지 않는다.

2. **개업공인중개사로 하여금 법정 중개보수를 초과하여 금품을 받는 행위를 금지한 공인중개사법이 과잉금지원칙이나 책임과 형벌 간의 비례원칙을 위반하여 청구인의 직업수행의 자유를 침해하는지 여부(소극)**
   부동산중개업은 국민 경제에 미치는 영향이 크고 업무가 정형화되어 있어 중개보수를 어느 정도 일률적으로 정하는 것이 필요하고 가능하다. 시행규칙조항이 정한 중개보수 상한요율이 현저히 자의적이거나 낮다고 볼 사정이 없고, 형사처벌조항의 법정형이 지나치게 가혹하거나 형벌체계상 현저히 균형을 잃은 것이라고 보기도 어렵다. 따라서 중개보수 한도조항 및 형사처벌조항은 과잉금지원칙이나 책임과 형벌 간의 비례원칙에 위배되어 청구인의 직업수행의 자유를 침해하지 않는다.

3. **중개보수 한도조항이 개업공인중개사와 변호사 등 다른 전문자격사를 합리적인 이유 없이 차별취급하여 청구인의 평등권을 침해하는지 여부(소극)**
   부동산 중개업무는 국민경제에 미치는 영향, 업무형태 등에서 다른 전문자격사의 업무와 차이가 있으므로, 중개보수 한도조항이 개업공인중개사를 변호사, 법무사, 감정평가사 등과 달리 취급하는 것은 청구인의 평등권을 침해하지 않는다.

CASE 02

시내버스운송사업자가 사업계획 가운데 운행대수 또는 운행횟수를 증감하려는 때에는 국토교통부장관 또는 시·도지사의 인가를 받거나 신고하도록 하고 이를 위반한 경우 처벌하는 '여객자동차 운수사업법'

2024.1.25. 2020헌마1144

1. 시내버스운송사업자가 사업계획 가운데 운행대수 또는 운행횟수를 증감하려는 때에는 국토교통부장관 또는 시·도지사의 인가를 받거나 신고하도록 하고 이를 위반한 경우 처벌하는 '여객자동차 운수사업법'이 죄형법정주의 명확성원칙에 위반되는지 여부(소극)

   여객자동차법 제4조, 제5조 등을 살펴보면, 이 사건 법률조항이 규정한 '사업계획'은 시내버스운송사업의 경영과 관련된 계획으로서 면허 취득의 바탕이 된 사업계획서의 기재사항 및 그에 준하는 사항에 해당하고, 사업계획의 '변경'은 시내버스운송사업자가 면허 취득의 바탕이 된 사업계획서의 기재사항 및 그에 준하는 사항을 다르게 바꾸고자 하는 행위를 의미함을 충분히 알 수 있다.
   이 사건 법률조항은 관련 운송사업자 간의 과도한 경쟁 방지 외에도 일반 공중의 교통편의성, 원활한 운송체계 확보 또한 그 입법목적으로 하는바, 시내버스운송사업자가 면허 취득의 바탕이 된 사업계획에서 정한 '일간' 운행대수, 운행횟수대로 운행하지 아니하고 정해진 사업계획과 달리 운행하는 경우가 이 사건 법률조항에서 정한 사업계획 변경행위에 해당함을 충분히 알 수 있다. 따라서 이 사건 법률조항은 죄형법정주의의 명확성원칙에 위반되지 아니한다.

2. 시내버스운송사업자가 사업계획 가운데 운행대수 또는 운행횟수를 증감하려는 때에는 국토교통부장관 또는 시·도지사의 인가를 받거나 신고하도록 하고 이를 위반한 경우 처벌하는 '여객자동차 운수사업법'이 과잉금지원칙에 위배되어 시내버스운송사업자의 직업수행의 자유를 침해하는지 여부(소극)

   노선을 정하여 여객을 운송하는 시내버스운송사업에서 사업계획 가운데 운행대수 또는 운행횟수의 증감에 관한 사항은 시내버스의 운행거리, 배차간격, 배차시간 등에 영향을 미치는 것으로서, 원활한 운송체계를 확보하고 일반 공중의 교통편의성을 제공하기 위하여 관할관청이 파악해야 하는 필수적인 사항에 해당하고, 이에 이 사건 법률조항은 시내버스운송사업자가 운행대수 또는 운행횟수를 증감하려면 원칙적으로 관할관청으로부터 변경인가를 받도록 하면서도, 국토교통부령이 정하는 경미한 사항의 변경은 관할관청에 대한 신고만으로 사업계획을 변경할 수 있도록 정하고 있는바, 이 사건 법률조항은 직업수행의 자유를 침해하지 아니한다.

3. **이 사건 법률조항이 평등원칙에 위배되는지 여부(소극)**

   시내버스운송사업은 내항여객운송사업, 도시철도운송사업에 비하여 사업자의 수, 이용자의 수 등이 많고, 도로라는 제한된 자원을 효율적으로 배분할 필요가 있으므로, 관할관청이 관련 운송사업자 간의 과도한 경쟁을 방지하고 적절한 여객운송서비스가 공급될 수 있도록 시내버스운송사업자의 사업계획 가운데 운행대수 및 운행횟수를 관리·감독할 필요성이 더욱 크다고 할 것인바, 이 사건 법률조항이 시내버스운송사업자를 내항여객운송사업자, 도시철도운송사업자와 달리 취급하는 것에는 합리적인 이유가 있으므로, 이 사건 법률조항은 평등원칙에 위배되지 아니한다.

CASE 03 | 생활폐기물 수집·운반 대행계약과 관련하여 뇌물공여, 사기 등 범죄를 범하여 일정한 형을 선고받은 자를 3년간 대행계약 대상에서 제외하도록 규정한 폐기물관리법

2023.12.21. 2020헌바189

1. 심사기준

헌법 제15조에 의하여 보장되는 직업선택의 자유는 자신이 원하는 직업을 자유롭게 선택하는 좁은 의미의 직업선택의 자유와 그가 선택한 직업을 자기가 원하는 방식으로 자유롭게 수행할 수 있는 직업수행의 자유를 포함하는 직업의 자유를 뜻한다. 그런데 직업수행의 자유가 보장된다 하더라도 헌법 제37조 제2항에 따라 국가안전보장·질서유지 또는 공공복리를 위하여 불가피한 경우에는 이를 제한할 수 있고, 이 경우 직업선택의 자유에 비하여 상대적으로 폭넓은 입법적 규제가 가능하다. 물론 이러한 경우 그 수단은 목적달성에 적절한 것이어야 하고, 또한 필요한 정도를 넘는 지나친 것이어서는 아니된다.

2. 과잉금지원칙 위반 여부

심판대상조항은 생활폐기물 수집·운반 업무의 공정성과 적정성을 확보하고, 대행계약의 성실한 이행을 담보하며, 독과점 및 지방자치단체와의 유착 문제를 해소하기 위한 것이다. 뇌물공여죄 등으로 벌금 이상의 형을 선고받은 경우 3년간 계약대상에서 제외하는 것은 입법목적 달성에 적합하다. 이는 생활폐기물 수집·운반 업무의 공공성과 지방자치단체 예산 사용을 고려할 때 과도한 제재가 아니며, 최소성원칙에도 반하지 않는다. 계약대상 제외는 3년간 한시적으로 적용되어 법익의 균형성 요건을 충족한다. 따라서 심판대상조항은 과잉금지원칙에 위배되어 청구인의 직업수행의 자유를 침해한다고 볼 수 없다.

CASE 04 | 정비구역에서 지역주택조합의 조합원 모집을 금지하고 이를 위반한 자는 1년 이하의 징역 또는 1천만원 이하의 벌금에 처하도록 하는 '도시 및 주거환경정비법'

2024.1.25. 2020헌바370

심판대상조항은 정비구역에서 지역주택조합의 조합원 모집을 금지하고 이를 위반한 자를 처벌하는 것으로, 정비사업의 원활한 진행과 잠재적 가입 신청자의 경제적 손해를 방지하기 위한 적합한 수단이다. 정비사업은 공공성이 강한 사업으로, 지역주택조합사업의 진행 상황과 무관하게 조합원 모집을 금지하는 것이 불가피하다. 조합원을 모집하려는 자는 정비구역 지정 가능성을 예측할 수 있으며, 이로 인한 불이익은 정비사업의 공익적 목적에 비해 중요하지 않다. 따라서 심판대상조항은 과잉금지원칙에 위반되지 않으며, 조합원을 모집하려는 자 등의 일반적 행동자유권 및 직업수행의 자유를 침해하지 않는다.

CASE 05 시장·군수·구청장이 지방자치단체의 조례로 정하는 바에 따라 일정한 구역을 지정·고시하여 가축의 사육을 제한할 수 있도록 한 '가축분뇨의 관리 및 이용에 관한 법률' 제8조 제1항 2023.12.21. 2020헌바374

1. 포괄위임금지원칙에 위배되는지 여부(소극)

헌법 제117조 제1항은 지방자치단체의 조례제정권을 보장하며, 지방자치법은 개별 법률의 위임이 있으면 조례로 주민의 권리를 제한하거나 의무를 부과할 수 있다고 규정한다. 조례에 대한 법률의 위임은 구체적 범위를 정할 필요 없이 포괄적이어도 충분하다. 가축사육 제한은 환경오염 방지를 위해 각 지방자치단체가 지역 실정에 맞게 규율할 필요가 있으며, 심판대상조항은 가축사육 제한이 가능한 지역의 한계를 설정하고 있다. 따라서 심판대상조항은 포괄위임금지원칙에 위배되지 않는다.

2. 심판대상조항이 과잉금지원칙에 위배되는지 여부(소극)

심판대상조항은 가축사육으로 인한 환경오염물질과 악취로부터 지역주민의 생활환경과 상수원의 수질을 보호하기 위한 것으로 입법목적이 정당하다. 지방자치단체가 특정 구역에서 가축사육을 제한할 수 있도록 하여 오염물질 배출과 악취 발생을 사전에 방지하는 수단의 적합성도 인정된다. 현재 오염물질 배출을 완전히 차단할 수 있는 기술적 조치가 부족하므로 가축사육 제한의 필요성이 있다. 가축사육으로 인한 오염은 장소적 특성과 관련성이 크기 때문에 장소에 따라 제한을 허용하는 것은 부득이하다. 축산업 종사자들이 일정 지역 내에서 가축사육 제한을 받더라도, 국민의 생활환경 및 자연환경 보호라는 공익이 더 중대하므로 심판대상조항은 과잉금지원칙에 위배되지 않는다.

CASE 06 '복합유통게임제공업'을 교육환경보호구역에서 금지되는 행위 및 시설로 규정한 '교육환경 보호에 관한 법률' 2024.1.25. 2021헌바231

상대보호구역 설정조항과 금지조항은 학생들이 건강하고 쾌적한 환경에서 교육받을 수 있도록 학교 주변 일정 지역을 교육환경보호구역으로 설정하고, 그 구역 안에서 청소년 유해업소인 '복합유통게임제공업'을 금지하는 것을 목적으로 한다. 상대보호구역 안에서도 지역위원회의 심의를 거쳐 학습과 교육환경에 나쁜 영향을 주지 않는 행위 및 시설은 허용될 수 있다. 따라서 이 조항으로 인해 교육환경보호구역 내 토지나 건물의 임차인이나 '복합유통게임제공업'을 영위하고자 하는 사람의 직업수행의 자유 및 재산권 제한은 과도하지 않으며, 과잉금지원칙을 위반하여 직업수행의 자유 및 재산권을 침해하지 않는다.

CASE 07 하도급거래 공정화에 관한 법률 제2조 제2항의 원사업자에 외국사업자가 포함되지 않아 하도급법의 적용대상에 해당하지 아니한다는 이유로 피청구인(공정거래위원회)이 한 심사절차종료결정 *기각

2024.1.25. 2022헌마430

하도급법은 원사업자로서 '중소기업자 중 직전 사업연도의 연간매출액이 제조 등의 위탁을 받은 다른 중소기업자의 연간매출액보다 많은 중소기업자'를 규정하며, 이는 국내 중소기업을 의미하므로 외국사업자는 포함되지 않는다. 또한, '중소기업자가 아닌 사업자로서 중소기업자에게 제조 등의 위탁을 한 자'를 원사업자로 규정하지만, 외국사업자를 무조건 포함시키면 불합리한 상황이 발생할 수 있다. 하도급법 제2조 제2항의 원사업자에 외국사업자가 포함되지 않더라도, 거래상 지위남용이 발생하면 '독점규제 및 공정거래에 관한 법률'에 의해 보호받을 수 있으므로, 하도급법 적용에서 제외된다고 해서 불공정하거나 불합리한 결과가 초래된다고 보기 어렵다. 따라서 하도급법 제2조 제2항의 원사업자에 외국사업자가 포함되지 않는다.

CASE 08 대학·산업대학의 간호학과나 전문대학의 간호과 재학 중 일정한 교직학점을 취득한 경우에만 보건교사가 될 수 있도록 한 초·중등교육법 제21조 제2항 별표 2 중 '보건교사(2급)'

2024.3.28. 2020헌마915

심판대상조항은 보건교사가 될 자격요건으로 대학 또는 전문대학의 간호학과 재학 중 일정한 교직학점을 취득하도록 규정하여 교사로서의 전문성을 확보하려는 것이다. 교육대학원 등을 통한 보건교사 양성과정을 두지 않는 것은 학생 수 대비 적정한 보건교사 수를 유지해 보건교육의 질을 보장하기 위한 것이다. 보건교사는 의료인력으로서뿐만 아니라 학생과 소통하는 교사로서의 역할도 수행하므로 이러한 자격요건이 과도하지 않다. 보건교사 양성기관을 확대하지 않은 것은 교사의 전문성, 수요와 공급, 교원양성기관의 특수성 등을 고려한 입법자의 판단이며, 이는 잘못된 결정이라 보기 어렵다. 따라서 심판대상조항은 과잉금지원칙에 위배되지 않으며, 청구인의 직업선택의 자유를 침해하지 않는다.

CASE 09	국민권익위원회 심사보호국 소속 5급 이하 7급 이상의 일반직공무원으로 하여금 퇴직일부터 3년간 취업심사대상기관에 취업할 수 없도록 한 공직자윤리법　2024.3.28. 2020헌마1527

국민권익위원회 심사보호국은 부패관련 각종 신고를 직접 접수, 분류하고 처리하는 부서로서 업무의 공정성과 투명성을 확보하기 위하여서는 소속 공무원들의 재취업을 일정 기간 제한할 필요가 있다. 심판대상조항은 국민권익위원회 소속 공무원이라 하더라도 관할 공직자윤리위원회로부터 퇴직 전 5년 동안 소속되었던 부서의 업무와 취업심사대상기관 간에 밀접한 관련성이 없다는 확인을 받거나 취업승인을 받은 때에는 예외적으로 취업이 가능하도록 규정하고 있는데, 취업을 원칙적으로 제한하지 아니하고 사후심사를 통하여 취업을 제한하거나 특정 이해충돌 행위만을 금지하여서는, 공직자가 재직 중 취업예정기관에 특혜를 부여하거나 퇴직 이후에 재직했던 부서에 부당한 영향력을 행사할 가능성을 방지하기 어렵다. 따라서 심판대상조항은 과잉금지원칙에 위배되어 청구인의 직업선택의 자유를 침해하지 않는다.

CASE 10	누구든지 국토교통부장관, 사업시행자등, 항행안전시설설치자등 또는 이착륙장을 설치·관리하는 자(국토교통부장관등)의 승인 없이 해당 시설에서 영업행위를 하여서는 아니 된다고 규정하고 있는 공항시설법 제56조 제6항 제1호와 그 위반행위를 제지하거나 퇴거를 명할 수 있도록 한 구 공항시설법　2024.4.25. 2021헌바112

심판대상조항은 국가의 중요 교통시설인 공항에서의 공공질서와 안전을 확보하고, 공항시설등을 효율적으로 운영·관리하며, 무분별한 영업행위를 근절하여 공항 이용객을 보호하기 위한 조항으로 그 목적이 정당하다. 또한 이 사건 금지조항은 영업행위를 전면 금지하는 대신 일정한 절차를 거쳐 승인을 받은 경우에는 영업행위를 할 수 있도록 규정하고 있고, 이 사건 금지조항의 위반만으로 바로 형사처벌의 구성요건이 충족되는 것이 아니며, 이 사건 단속조항에 의한 명령을 따르지 않는 경우에 비로소 이 사건 처벌조항이 적용된다. 이러한 점을 고려하면 심판대상조항에 의한 직업수행의 자유 제한이 입법목적을 달성하기 위하여 필요한 정도를 넘어 과도한 것이라 할 수 없으므로, 심판대상조항은 과잉금지원칙에 위배되어 직업수행의 자유를 침해하지 아니한다.

CASE 11 음주측정거부 전력이 있는 자가 음주운전을 한 경우 운전면허를 필요적으로 취소하도록 규정한 도로교통법 제93조 제1항

2024.5.30. 2022헌바256

심판대상조항은 국민의 생명, 신체 및 재산을 보호하고 도로교통 안전을 확보하기 위한 것이다. 입법자는 반복적인 음주운전을 교정하기 위해 필요적 면허취소라는 수단을 선택하였고, 음주측정거부를 무겁게 제재할 필요성이 인정된다. 형사제재와 행정제재의 차이를 고려할 때, 과거 음주측정거부 전력이나 음주운전 위반행위의 경중을 개별적으로 고려하지 않는다고 하여 지나치다고 보기는 어렵다. 따라서 심판대상조항은 과잉금지원칙에 위배되어 직업의 자유 및 일반적 행동자유권을 침해하지 않는다.

CASE 12 고체 형태의 세안용 비누를 수입·판매하려는 청구인에게 화장품책임판매업 등록을 하도록 하면서, 책임판매관리자를 의무적으로 두도록 요구하는 화장품법

2024.5.30. 2021헌마291

심판대상조항은 국민보건 향상과 국민들이 안심하고 화장품을 사용할 수 있도록 하기 위한 것이다. 고형 세안비누는 피부에 매일 직접 작용하는 제품이므로, 식품의약품안전처에서 화장품으로 관리하는 것이 필요하다. 일반 화장품책임판매업자는 '비누공방'과 같은 소규모 업체와 비교하여 소비층의 규모와 특성에서 차이가 있으므로, 동일한 규율 효과를 기대하기 어렵다. 또한 직접 화장품을 수입·판매하는 영업은 화장품을 알선·수여하는 영업과 형태와 규모가 다르므로, 화장품책임판매업자에게 책임판매관리자의 요건을 완화하는 규율 방식을 적용하기는 어렵다. 따라서 심판대상조항은 과잉한 규제가 아니며, 청구인의 직업선택의 자유를 침해하지 않는다.

CASE 13 — 보존과학업 등록 요건으로 보존과학기술자 1명 이상의 기술능력을 갖추도록 하는 '문화재수리 등에 관한 법률 시행령
2024.5.30. 2022헌마194

문화재수리는 수리금액이 소액이고 사업규모가 영세하여, 수리업자의 전문성과 시공능력이 부족하면 수리품질이 저하될 우려가 있다. 보존과학기술자는 보존과학업무에 대한 기본적인 전문성을 갖추고 있으므로, 보존과학업 등록을 위해 보존과학기술자 1명 이상을 요구하는 것은 필요하다. 문화재수리기술자와 문화재수리기능자는 권한과 책임, 업무 성격이 다르므로, 기능자만으로 기술능력 요건을 충족하는 것은 입법 목적을 달성하기 어렵다. 따라서 기술능력 요건 조항은 과잉금지원칙에 위배되지 않아 직업선택의 자유를 침해하지 않는다.

CASE 14 — 공인중개사법을 위반하여 300만원 이상의 벌금형을 받고 3년이 지나지 아니한 자가 임원으로 있는 중개법인의 등록을 필요적으로 취소하도록 규정한 공인중개사법
2024.2.28. 2022헌바109

심판대상조항은 부동산중개업의 전문성과 공정성을 확보하여 국민적 신뢰를 얻기 위한 정당한 목적을 가지고 있으며, 수단의 적합성도 인정된다. 부동산 거래가 국가경제와 사회질서에 미치는 영향을 고려할 때, 공정한 공인중개업무 수행과 신뢰 확보의 필요성이 크다. 벌금형 300만원 이상을 선고받은 경우 등록취소 여부를 재차 고려할 필요성이 적으며, 중개법인은 결격사유 발생시 임원을 개임하여 등록 취소를 피할 수 있다. 따라서 심판대상조항은 과잉금지원칙을 위반하지 않아 중개법인의 직업의 자유를 침해하지 않는다.

CASE 15 주 52시간 상한을 규정한 근로기준법

2024.2.28. 2019헌마500

1. 쟁점정리

   주 52시간 상한제조항이 본안 청구인들의 계약의 자유와 청구인 이◇◇의 직업의 자유를 침해하는지 여부가 문제된다.
   주 52시간 상한제조항으로 인해 연장근로시간이 제한되어 사업주와 근로자가 각각 임금 증가, 임금 감소 등의 불이익을 겪을 수 있지만, 이는 단순한 영리 기회의 제한으로 **재산권 침해문제가 아니다.** 근로의 권리에는 '일할 환경에 관한 권리'가 포함되나, 이는 근로자 보호를 위한 것이므로 사용자와 근로자가 추가 연장근로를 할 수 없도록 금지하는 것은 **근로의 권리 침해는 문제되지 않는다.** 또한, 주 52시간 상한제조항 자체가 청구인들의 신체의 자유를 제한하는 것은 아니다.

2. 상시 5명 이상 근로자를 사용하는 사업주인 청구인의 계약의 자유와 직업의 자유, 근로자인 청구인들의 계약의 자유를 침해하는지 여부(소극)

   주 52시간 상한제조항은 법정근로시간 외 근로를 연장근로로 일원화하여 실근로시간을 단축시키려는 목적을 가진다. 입법자는 장시간 노동 문제가 구조화된 것을 감안하여, 사용자와 근로자의 합의로 주 52시간 상한을 초과할 수 없도록 정한 것이 합리성을 결여했다고 볼 수 없다. 중소기업과 영세사업자를 위한 유예기간 및 특례, 각종 지원 정책 등을 마련했고, 근로자의 휴식을 보장하는 것을 중요시하여 왜곡된 노동 관행을 개선하려 했다. 이러한 입법자의 판단이 합리성을 결여했다고 볼 수 없으므로 주 52시간 상한제조항은 과잉금지원칙에 반하여 상시 5명 이상 근로자를 사용하는 사업주인 청구인의 계약의 자유와 직업의 자유, 근로자인 청구인들의 계약의 자유를 침해하지 않는다.

13. 정당제도

CASE 01 대체복무요원의 정당가입을 금지하는 대체역법

2024.5.30. 2022헌마1146

정당가입금지조항은 대체복무요원의 정당가입을 금지함으로써 대체복무요원의 정치적 중립성을 유지하며 업무전념성을 보장하고자 하는 것이다. 정당은 개인적 정치활동과 달리 국민의 정치적 의사형성에 미치는 영향력이 크고, 정당 관련 표현행위는 직무 내외를 구분하기 어려우므로 '직무와 관련된 표현행위만을 규제'하는 등 기본권을 최소한도로 제한하는 대안을 상정하기 어렵다. 따라서 정당가입금지조항은 과잉금지원칙에 위배되어 청구인의 정당가입의 자유를 침해하지 아니한다.

14. 참정권과 선거제도

CASE 01 지방공사 상근직원의 선거운동을 금지하고, 이를 위반한 자를 처벌하는 구 공직선거법

2024.1.25. 2021헌가14

1. **제한되는 기본권**

    심판대상조항은 지방공사 상근직원에 대하여 공직선거와 관련한 선거운동을 원칙적으로 금지하고 이에 위반한 행위를 처벌함으로써 지방공사 상근직원의 선거운동의 자유를 제한한다.

2. 선거운동의 의의와 선거운동의 자유

선거운동이란 특정 선거에서 특정 후보자를 '당선되거나 되게 하거나 되지 못하게 하기 위한 행위'를 말한다(공직선거법 제58조 제1항 본문). 선거운동의 자유는 널리 선거과정에서 자유로이 의사를 표현할 자유의 일환이므로, <u>정치적 표현의 자유의 한 태양으로서 헌법이 정한 언론·출판·집회·결사의 자유 보장규정에 의해 보호된다.</u> 또한 선거권이 제대로 행사되기 위하여는 후보자에 대한 정보의 자유 교환이 필연적으로 요청된다 할 것이므로, <u>선거운동의 자유는 선거권 행사의 전제 내지 선거권의 중요한 내용으로서도 보호된다.</u>

선거운동은 국민주권 행사의 일환일 뿐 아니라 정치적 표현의 자유의 한 형태로서 민주사회를 구성하고 움직이게 하는 요소이므로, 그 **제한입법의 위헌 여부에 대하여는 엄격한 심사기준이 적용되어야 할 것이다.**

3. 과잉금지원칙 위반여부

심판대상조항은 지방공사 상근직원이 그 지위와 권한을 선거운동에 남용하는 것을 방지함으로써 선거의 형평성과 공정성을 확보하려는 것이므로, 그 입법목적의 정당성을 인정할 수 있다. 그리고 지방공사 상근직원에 대하여 원칙적으로 모든 선거운동을 할 수 없도록 하고 이를 위반한 행위를 처벌하는 것은 위와 같은 목적을 달성하기 위한 적합한 수단이다.

지방공사 상근직원의 지위와 권한에 비추어 볼 때, 지방공사의 상근직원이 공직선거에서 선거운동을 한다고 하여 그로 인한 부작용과 폐해가 일반 사기업 직원의 경우보다 크다고 보기 어렵다. 또한 공직선거법은 지방공사 상근직원의 영향력이 상근임원보다 적다는 점을 고려하여, 상근직원은 그 직을 유지한 채 공직선거에 입후보할 수 있도록 규정하고 있다. 그럼에도 불구하고 심판대상조항이 지방공사 상근직원에게까지 선거운동을 금지하는 것은 과도하다. 공직선거법은 지방공사의 상근직원이 직무상 행위를 이용하여 선거의 공정성 및 형평성을 해할 수 있는 행위를 금지하고 이에 위반한 경우 처벌하는 규정을 별도로 마련하고 있다. 지방공사의 상근직원은 심판대상조항에 의하지 않더라도 직무상 행위를 이용하여 선거운동을 하거나 하도록 하는 행위 또는 선거에 영향을 미치는 전형적인 행위를 할 수 없다. 또한, 직급에 따른 업무 내용과 수행하는 개별·구체적인 직무의 성격을 고려하여 <u>지방공사 상근직원 중 선거운동이 제한되는 주체의 범위를 최소화하거나, 지방공사 상근직원에 대하여 '그 지위를 이용하여' 또는 '그 직무 범위 내에서' 하는 선거운동을 금지하는 방법으로도 선거의 공정성이 충분히 담보될 수 있다. 따라서 심판대상조항은 침해의 최소성을 충족하지 못하였다.</u> 심판대상조항은 과잉금지원칙을 위반하여 지방공사 상근직원의 선거운동의 자유를 침해한다.

CASE 02 누구든지 종교적인 기관·단체 등의 조직 내에서의 직무상 행위를 이용하여 그 구성원에 대하여 선거운동을 하거나 하게 할 수 없도록 한 공직선거법

2024.1.25. 2021헌바233

직무이용 제한조항은 선거의 공정성을 확보하기 위한 입법목적으로, 종교단체 내에서 직무상 행위를 하는 사람이 특정 후보나 정당을 지지·반대하는 경우, 구성원이 왜곡된 정치적 의사를 형성할 가능성을 방지하려는 것이다. 종교단체의 특성과 성직자의 영향력을 고려할 때, 정치적 표현의 자유가 제한되더라도 선거의 공정성을 확보하고 종교단체의 본연의 기능을 유지하며 정치와 종교의 부당한 결합을 방지하는 공익이 더 크다. 따라서 직무이용 제한조항은 과잉금지원칙을 위반하지 않아 정치적 표현의 자유를 침해하지 않는다.

CASE 03 공직선거법상 허위사실공표죄 및 후보자비방죄에 관한 사건

2024.6.27. 2023헌바78

[심판대상조항]
공직선거법(1997.1.13. 법률 제5262호로 개정된 것)

제251조【후보자비방죄】② 당선되지 못하게 할 목적으로 연설·방송·신문·통신·잡지·벽보·선전문서 기타의 방법으로 후보자(참고로, 제250조 제1항에서, '후보자'는 '후보자가 되고자 하는 자를 포함한다'고 정하고 이하 제250조에서 같다고 규정하고 있다. 이 사건은 '후보자가 되고자 하는 자'에 관한 것이다)

공직선거법(1994.3.16. 법률 제4739호로 제정된 것)

제251조【후보자비방죄】당선되거나 되게 하거나 되지 못하게 할 목적으로 연설·방송·신문·통신·잡지·벽보·선전문서 기타의 방법으로 공연히 사실을 적시하여 후보자(후보자가 되고자 하는 자를 포함한다), 그의 배우자 또는 직계존·비속이나 형제자매를 비방한 자는 3년 이하의 징역 또는 500만 원 이하의 벌금에 처한다. 다만, 진실한 사실로서 공공의 이익에 관한 때에는 처벌하지 아니한다.

1. **후보자에 대한 허위사실공표금지한 공직선거법 제250조 제2항: 합헌**

   당선될 목적으로 기타의 방법으로 후보자에게 유리하도록 후보자의 행위에 관하여 허위의 사실을 공표한 자에 관한 부분이 죄형법정주의 명확성원칙에 위배되지 않는다. 이 사건 허위사실공표금지조항이 과잉금지원칙에 위배되어 정치적 표현의 자유를 침해하지 않는다고 결정하였다. 이 사건에서 선례와 달리 판단해야 할 사정의 변경이나 필요성이 인정된다고 볼 수 없다. 따라서 이 사건 허위사실공표금지조항은 과잉금지원칙에 위배되어 정치적 표현의 자유를 침해하지 않는다.

2. 후보자 비방을 금지한 공직선거법 제251조: 위헌결정

가. 죄형법정주의의 명확성원칙 위배 여부

헌법재판소는 헌재 2010.11.25. 2010헌바53 결정에서, 공직선거법(1994.3.16. 법률 제4739호로 제정된 것) 제251조 중 '후보자'에 관한 부분에서 '비방' 부분은 그 의미가 애매모호하거나 불분명하다고 할 수 없으므로 죄형법정주의의 명확성원칙에 위배되지 않는다고 결정하였다. 따라서 이 사건 비방금지조항은 죄형법정주의의 명확성원칙에 위배되지 아니한다.

나. 정치적 표현의 자유 침해 여부

(1) 심사기준

선거운동 등에 대한 제한이 정치적 표현의 자유를 침해하는지 여부를 판단함에 있어서는 표현의 자유의 규제에 관한 판단기준으로서 **엄격한 심사기준을** 적용하여야 한다.

(2) 과잉금지원칙 위반 여부

이 사건 비방금지조항은 후보자가 되고자 하는 자의 **인격과 명예를 보호하고** 선거의 공정성을 보장하기 위한 것으로 목적의 정당성과 수단의 적합성은 인정된다.

정치적 표현의 자유는 민주주의의 핵심적 기본권으로 최대한 보장되어야 하며, 이에 대한 제한은 최소한으로 이루어져야 한다. 공직선거법 제110조 제1항은 사생활 비방만을 금지하고 있으나, <u>비방금지조항은 허위 여부와 관계없이 모든 사실을 비방 대상으로 규정하여 후보자 간 고소·고발을 남발시켜 선거를 혼탁하게 하고 유권자들이 후보자의 자질을 판단할 기회를 제한할 수 있다.</u> 비방금지조항의 단서조항은 진실한 사실에 대해 공공의 이익에 관한 것일 때 처벌하지 않도록 규정하지만, 공직후보자는 공적 인물로서 진실한 사실의 공익성을 따질 필요가 낮고, 이는 표현의 자유를 위축시킬 수 있다. 따라서 비방금지조항은 침해의 최소성을 충족하지 못하며, 과도한 제한으로 인해 선거의 공정성을 해치고 표현의 자유를 침해한다.

15. 재판청구권

CASE 01 면책허가결정을 공고한 경우 송달을 하지 아니할 수 있고, 즉시항고기간은 공고가 있은 날로부터 14일로 정하고 있는 '채무자 회생 및 파산에 관한 법률'
2024.1.25. 2021헌바17

파산제도는 다수의 이해관계인이 관여함을 전제로 하므로, 관련자들 사이에 분쟁을 최소화하고 공평을 기하기 위하여 면책허가결정의 이해관계인들에게 공고로써 그 내용을 고지하도록 하고 있다. 또한 송달시기에 따라 다수의 이해관계인의 불복가능 시기가 달라져 법률관계의 혼란을 초래하는 것을 방지하기 위하여, 면책허가결정에 대한 즉시항고기간은 공고일로부터 기산하도록 하고 있다. 나아가 위와 같은 신속한 절차 진행으로 인해 파산채권자 등 이해관계인의 절차참여권이 침해되지 않도록 하기 위한 제도적 장치 또한 마련되어 있다. 따라서 심판대상조항들의 규율은 입법형성권의 합리적인 범위 내에 있다고 할 것이므로, 청구인의 재판청구권을 침해한다고 볼 수 없다.

CASE 02 상속회복청구권은 상속권의 침해를 안 날 3년 침해행위가 있은 날부터 10년을 경과하면 소멸된다고 규정한 민법 제999조 중 10년부분 *위헌결정
2024.6.27. 2021헌마1588

심판대상조항은 상속개시 후 인지 또는 재판확정에 의하여 공동상속인이 된 자가 상속분가액지급청구권을 행사할 경우 그 기간을 '상속권의 침해행위가 있은 날부터 10년'으로 한정하고 그 후에는 상속분가액지급청구의 소를 제기할 수 없도록 하고 있으므로, 청구인의 재산권과 재판청구권을 제한한다.
이때 '침해를 안 날'은 인지 또는 재판이 확정된 날을 의미하므로, 그로부터 3년의 제척기간은 공동상속인의 권리구제를 실효성 있게 보장하는 것으로 합리적 이유가 있다. 그러나 '침해행위가 있은 날'(상속재산의 분할 또는 처분일)부터 10년 후에 인지 또는 재판이 확정된 경우에도 추가된 공동상속인이 권리구제 실효성을 완전히 박탈하는 결과를 초래한다.
결국 상속개시 후 인지 또는 재판의 확정에 의하여 공동상속인이 된 자의 상속분가액지급청구권의 경우에도 '침해행위가 있은 날부터 10년'의 제척기간을 정하고 있는 것은, 법적 안정성만을 지나치게 중시한

나머지 사후에 **공동상속인이 된 자의 권리구제 실효성을 외면하는 것**이므로, 심판대상조항은 입법형성의 한계를 일탈하여 청구인의 재산권 및 재판청구권을 침해한다.

CASE 03 직계혈족, 배우자, 동거친족, 동거가족 또는 그 배우자 간의 제323조(권리행사방해의 죄)는 그 형을 면제하도록 한 형법 제328조 제1항(친족상도례) *헌법불합치결정
2024.6.27. 2020헌마468등

심판대상
형법 제328조는 친족간 재산범죄의 처벌과 소추조건에 관한 특례를 규정하며, 이를 '친족상도례'라고 한다. 이 조항은 개별 재산범죄에 준용되어 일정한 친족관계가 있는 경우 형을 면제하거나 고소가 있어야 공소를 제기할 수 있도록 한다. 형법 제328조는 친족상도례에 관한 총칙 규정의 기능을 한다.
형법 제328조(친족간의 범행과 고소) ① 직계혈족, 배우자, 동거친족, 동거가족 또는 그 배우자간의 제323조의 죄는 그 형을 면제한다.

【판시사항】
1. 쟁점 정리
　가. 형사피해자의 재판절차진술권은 헌법 제27조 제5항에 의해 보장되며, 이는 형사소송체계에서 피해자가 재판 절차에 참여해 의견을 진술할 수 있도록 하는 기본권이다. 심판대상조항은 형사피해자의 의사 등에 관계없이 법원이 형을 면제하는 판결을 하도록 규정하므로 형사피해자의 재판절차진술권을 제한한다. 다만, 형사피해자의 재판절차진술권에 관한 헌법 제27조 제5항이 정한 법률유보는 이른바 기본권 형성적 법률유보에 해당하고, 헌법이 보장하는 형사피해자의 재판절차진술권을 어떠한 내용으로 구체화할 것인가에 관하여는 입법자에게 입법형성의 자유가 부여되고 있으므로, 그것이 재량의 범위를 넘어 명백히 불합리한 경우에 비로소 위헌의 문제가 생길 수 있다. 따라서 심판대상조항이 **명백히 불합리하여 형사피해자의 재판절차진술권을 침해하는지 여부를 살펴본다.**
　나. 청구인들은 심판대상조항이 친족간 재산범죄와 다른 재산범죄를 다르게 취급해 평등권을 침해한다고 주장하나, 이는 형사피해자의 재판절차진술권 침해와 같은 맥락이므로 별도로 판단하지 않는다. 또한, 심판대상조항과 형법 제328조 제2항은 비교 대상이 아니므로 평등권 침해 주장도 별도로 판단하지 않는다.
　다. 청구인들은 심판대상조항이 재산권, 가족생활의 자유, 행복추구권을 침해한다고 주장하나, 이는 국가형벌권 행사에 관한 것이므로 직접적인 기본권 침해로 판단하지 않는다.

2. **직계혈족, 배우자, 동거친족, 동거가족 또는 그 배우자간의 권리행사방해죄는 그 형을 면제하도록 한 형법 제328조 제1항이 형사피해자의 재판절차진술권을 침해하는지 여부(적극)**
　가족·친족 관계에 관한 우리나라의 역사적·문화적 특징이나 재산범죄의 특성, 형벌의 보충성에 비추어, 친족상도례의 필요성은 수긍할 수 있다. 그런데 <u>심판대상조항은 재산범죄의 가해자와 피해자</u>

사이의 일정한 친족관계를 요건으로 하여 일률적으로 형을 면제하도록 규정하고 있는바, 적용대상 친족의 범위가 지나치게 넓고, 심판대상조항이 준용되는 재산범죄들 가운데 불법성이 경미하다고 보기 어려운 경우가 있다는 점에서 제도적 취지에 부합하지 않는 결과를 초래할 우려가 있고, 미성년자나 질병, 장애 등으로 가족과 친족 사회 내에서 취약한 지위에 있는 구성원에 대한 경제적 착취를 용인할 우려가 있다. 그럼에도 법관으로 하여금 이러한 사정을 전혀 고려할 수 없도록 하고 획일적으로 형면제 판결을 선고하도록 한 심판대상조항은 형사피해자가 법관에게 적절한 형벌권을 행사하여 줄 것을 청구할 수 없도록 하는 것으로서 입법재량을 일탈하여 현저히 불합리하거나 불공정하므로 형사피해자의 재판절차진술권을 침해한다.

다. 헌법불합치 결정

심판대상조항의 위헌성은 일정한 친족 사이의 재산범죄와 관련하여 형사처벌의 특례를 인정하는 것에 있음이 아니라, 넓은 범위의 친족에 대해, 재산범죄의 불법성의 경중을 묻지 않고, 피해자의 의사에 관계없이 '일률적으로 형면제'를 함에 따라, 구체적 사안에서 형사피해자의 재판절차진술권이 형해화될 수 있다는 점에 있다. 이러한 위헌성 제거에는 여러 입법적 선택가능성이 있으므로 심판대상조항에 대하여 2025. 12. 31.을 시한으로 입법자가 개정할 때까지 적용중지를 명하는 헌법불합치결정을 한다.

16. 형사보상청구권

CASE 01
외국인이 출입국관리법에 의하여 보호처분을 받아 수용되었다가 이후 난민인정을 받은 경우 및 법률상 근거 없이 송환대기실에 수용되었던 경우에 대하여, 헌법에서 명시적으로 보상을 해주어야 할 입법의무를 부여하고 있다거나 헌법해석상 국가의 입법의무가 발생하였다고 볼 수 있는지 여부(소극)

2024.1.25. 2021헌마703

헌법에서 명시적으로 입법자에게 국내에서 난민인정신청을 한 외국인이 강제퇴거명령을 받고 보호처분을 받아 수용되었다가 이후 난민인정을 받은 경우 및 출입국항에서 입국불허결정을 받은 외국인이 법률상 근거 없이 송환대기실에 수용되었던 경우에 대하여 보상을 해주어야 할 입법의무를 부여하고 있다고 볼 수 없다.

헌법 제28조는 형사피의자 또는 형사피고인으로서 구금되었던 자가 국가에 대하여 정당한 보상을 청구할 수 있는 권리를 보장하고 있을 뿐이다.

또한 출입국관리법에 따른 보호명령과 송환대기실에서의 수용은 신체의 자유 제한 자체를 목적으로 하는 형사절차상의 인신구속과 그 목적이나 성질이 다르므로 헌법 제28조의 해석으로도 헌법상 입법의무가 인정되기 힘들다.

외국인의 경우 국가배상법 제7조에 따라 해당 국가와 상호 보증이 있을 때에만 국가배상책임이 인정되므로 상호 보증이 인정되지 않는 국가의 외국인은 국가배상을 받을 수 없는 문제가 발생할 수 있으나 이와 같은 제한은 국가배상법이 상호 보증주의를 채택하고 있기 때문에 발생하는 것으로서 그로 인해 상호 보증이 인정되지 않는 국가 출신의 외국인에게 보상제도를 마련해주어야 할 입법의무가 도출된다고 볼 수는 없다.

국가는 국가배상법 제정을 통해 스스로의 불법행위로 인한 손해를 배상함으로써 그 피해를 회복하여 주는 국가배상제도를 마련하고 있는 점 등에 비추어 보면, 헌법해석상으로도 위와 같은 입법의무가 도출된다고 볼 수 없다.

17. 사회적 기본권

CASE 01 재요양을 받는 경우에 재요양 당시의 임금을 기준으로 휴업급여를 산정하도록 한 구 산업재해보상보험법 제56조 제1항과 재요양 당시 임금이 없으면 최저임금액을 기준으로 휴업급여를 지급하도록 한 산업재해보상보험법

2024.4.25. 2021헌바316

재요양은 최초 상병진단 시점과 단절되어 재요양 당시의 임금 수준은 최초 진단시와 다를 수 있다. 휴업급여는 요양 또는 재요양을 전제로 하므로, 최초 진폐 진단시의 임금을 기준으로 지급하는 것은 휴업급여의 본질에 맞지 않고 형평성에도 어긋난다. 진폐 근로자도 재취업 가능성이 있으며, 재요양 당시 임금이 더 높을 수 있어 재요양시 임금을 기준으로 산정하는 것이 불리하지 않다. 재요양시 임금이 없으면 최저임금액으로 휴업급여를 지급하도록 규정되어 있어 진폐 근로자의 보호에 미흡하지 않다. 따라서 휴업급여조항은 진폐 근로자의 인간다운 생활을 할 권리를 침해하지 않는다.

CASE 02　현직 공무원을 위한 법학전문대학원 야간 수업 및 휴직기간 연장

2024.2.28. 2020헌마1377

1. 법학전문대학원의 교육과정에 대하여 규정한 '법학전문대학원 설치·운영에 관한 법률' 제20조, '법학전문대학원 설치·운영에 관한 법률 시행령' 제13조에 대한 심판청구에 기본권 침해의 가능성이 인정되는지 여부(소극)
   교육받을 권리로부터 공무원이 재직 중 법학전문대학원에서 수학할 것을 보장받을 권리가 도출된다고 할 수 없으므로 교육과정조항이 야간수업 또는 방송·정보통신 매체 등을 활용한 원격수업을 의무화하지 않았다고 하더라도 교육받을 권리가 침해될 가능성은 없다. 교육과정조항은 공직 취임이나 공무원 신분과 관련이 없으므로 공무담임권을 제한하지 않는다. 청구인은 공무원 재직 중 학업을 병행하려는 지원자와 학업을 전업으로 하려는 지원자 사이의 차별 취급이 부당하다고 주장하나, 이러한 차별은 교육과정조항에 의하여 발생하는 것이라고 보기 어렵다. 따라서 교육과정조항에 대한 심판청구는 기본권 침해의 가능성이 인정되지 아니한다.

2. 지방자치단체 공무원이 연구기관이나 교육기관 등에서 연수하기 위한 휴직기간은 2년 이내로 한다고 규정한 지방공무원법 제64조 제7호에 대한 심판청구에 기본권 침해의 가능성이 인정되는지 여부(소극)
   교육받을 권리로부터 공무원이 휴직하여 법학전문대학원에서 수학할 것을 보장받을 권리가 도출된다고 할 수 없으므로 휴직조항으로 인하여 교육받을 권리가 침해될 가능성은 없다. 휴직조항은 공직 취임이나 공무원 신분과 관련이 없으므로 공무담임권을 제한하지 않는다. 청구인은 연수휴직이 2년까지 가능한 지방자치단체 공무원과 연수휴직이 3년까지 가능한 교육공무원 사이의 차별 취급이 부당하다고 주장하나, 지방자치단체 공무원과 교육공무원은 비교대상이 되기 어려울 뿐만 아니라 교육공무원이라도 법조인 양성을 목적으로 하는 법학전문대학원에 진학하기 위하여 당연히 연수휴직을 할 수 있는 것은 아니므로, 청구인이 주장하는 평등권 침해가 발생할 가능성이 인정되지 않는다. 따라서 휴직조항에 대한 심판청구는 기본권 침해의 가능성이 인정되지 아니한다.

3. 공무원에게 재해보상을 위하여 실시되는 급여의 종류로 휴업급여 또는 상병보상연금 규정을 두고 있지 않은 '공무원 재해보상법' 제8조가 공무원의 인간다운 생활을 할 권리를 침해하는지 여부(소극)
   청구인의 인간다운 생활을 할 권리가 침해되었는지 여부는 재해보상의 실질을 가진 모든 급여를 포함하여 소득 공백이 보전되는지 여부로 판단해야 한다. 공무원이 공무상 질병이나 부상으로 인해 병가나 질병휴직을 하면 봉급이 전액 지급되고, 복귀가 불가능해 퇴직할 경우 장해급여, 요양급여, 퇴직일시금 또는 퇴직연금이 지급된다. 재해보상과 공무원연금법의 급여는 소득공백시 생계를 보장하는 사회보장적 급여로서 같은 기능을 수행하므로, 심판대상조항이 인간다운 생활을 할 권리를 침해할 정도로 현저히 불합리하지 않다.

4. 공무원에게 재해보상을 위하여 실시되는 급여의 종류로 휴업급여 또는 상병보상연금 규정을 두고 있지 않은 '공무원 재해보상법' 제8조가 일반 근로자에 대한 산업재해보상보험법과 달리 휴업급여 또는 상병보상연금 규정을 두고 있지 않아 공무원의 평등권을 침해하는지 여부(소극)

공무원에게 인정되는 신분보장의 정도, 질병휴직 후 직무복귀의 가능성, 공무상 병가 및 공무상 질병휴직기간 동안 지급받는 보수의 수준, 퇴직연금 내지 퇴직일시금 제도에 의한 생계보장 면에서 공무원이 일반 근로자에 비해 대체로 유리하다는 점을 고려하면, 심판대상조항이 휴업급여 내지 상병보상연금이라는 급여를 별도로 규정하지 않았다 하여 공무원의 업무상 재해보상에 관하여 합리적인 이유 없이 일반 근로자와 달리 취급하고 있다고 볼 수 없다. 따라서 심판대상조항은 청구인의 평등권을 침해하지 아니한다.

18. 근로 3권

CASE 01 노동조합 및 노동관계조정법 제29조 제2항 등 위헌확인 등

2024. 6. 27. 2020헌마237, 2021헌마1334, 2022헌바237(병합)

1. 하나의 사업 또는 사업장에 복수 노동조합이 존재하는 경우 '교섭대표노동조합'을 정하여 교섭을 요구하도록 하는 '노동조합 및 노동관계조정법' 제29조의2 제1항 본문(이하 '제1조항'이라 한다)과, 자율적으로 교섭창구를 단일화하지 못하거나 사용자가 단일화 절차를 거치지 아니하기로 동의하지 않은 경우 과반수 노동조합이 '교섭대표노동조합'이 되도록 하는 조항인 제29조의2 제4항(이하 '제2조항'이라 한다)이 과잉금지원칙을 위반하여 청구인들의 단체교섭권을 침해하는지 여부 및 단체교섭권의 본질적 내용을 침해하는지 여부(소극)

교섭창구 단일화 제도는 근로조건의 결정권이 있는 사업 또는 사업장 단위에서 복수 노동조합과 사용자 사이의 교섭절차를 일원화하여 효율적이고 안정적인 교섭체계를 구축하고, 소속 노동조합이 어디든 관계없이 조합원들의 근로조건을 통일하기 위한 것이다. '노동조합 및 노동관계조정법'이 규정한 개별교섭 조항(제29조의2 제1항 단서), 교섭단위 분리 조항(제29조의3 제2항), 공정대표의무 조항(제29조의4) 등은 모두 교섭창구 단일화를 일률적으로 강제할 경우 발생하는 문제점을 보완하기 위한 것으로서, 노동조합의 단체교섭권 침해를 최소화하기 위한 제도라 볼 수 있다. 따라서 제1조항 및 제2조항은 과잉금지원칙을 위반하여 청구인들의 단체교섭권을 침해하지 아니하며 단체교섭권의 본질적 내용을 침해하지도 아니한다.

> 재판관 이은애, 재판관 김기영, 재판관 문형배, 재판관 이미선의 제1조항에 대한 반대의견
> 교섭창구 단일화 제도에서 소수 노동조합의 단체교섭권을 최소화하기 위해서는 교섭대표노동조합이 주도하는 단체교섭 과정에서 소수 노동조합의 참여권이 보장되어야 한다. 그러나 '노동조합 및 노동관계조정법'은 소수 노동조합이 단체협약 확정절차에 참여할 수 있는 규정을 두고 있지 않으며, 실질적인 의견 반영 수단도 마련되어 있지 않다. 공정대표의무만으로는 소수 노동조합의 단체교섭권을 충분히 보호하지 못하므로, 제1조항은 과잉금지원칙을 위반하여 헌법에 위반된다고 볼 수 있다.

2. '교섭대표노동조합'에 의하여 주도되지 아니한 쟁의행위를 금지하는 조항인 구법 및 현행법 제29조의5 중 제37조 제2항에 관한 부분(이하 '제3조항'이라 한다)이 과잉금지원칙을 위반하여 청구인들의 단체행동권을 침해하는지 여부(소극)

   교섭창구 단일화 제도 하에서 단체협약 체결의 당사자가 될 수 있는 교섭대표노동조합으로 하여금 쟁의행위를 주도하도록 하는 것은 교섭절차를 일원화하여 효율적이고 안정적인 교섭체계를 구축하고 근로조건을 통일하기 위한 것이다. '노동조합 및 노동관계조정법'은 교섭대표노동조합이 교섭창구 단일화 절차에 참여한 노동조합의 전체 조합원의 직접·비밀·무기명투표에 의한 조합원 과반수의 찬성으로 결정하지 아니하면 쟁의행위를 행할 수 없도록 함으로써(제41조 제1항), 교섭창구 단일화 절차와 관련된 노동조합의 투표 과정 참여를 통해 쟁의행위에 개입할 수 있는 장치를 마련하고 있다. 따라서 제3조항은 과잉금지원칙을 위반하여 청구인들의 단체행동권을 침해하지 아니한다.

19. 환경권

CASE 01
외교부 북미국장이 2017.4.20. 주한미군사령부 부사령관과 사이에 주한미군에 성주 스카이힐 골프장 부지 중 328,779㎡의 사용을 공여하는 내용으로 체결한 협정에 대한 심판청구에 기본권침해가능성이 인정되는지 여부(소극)
2024.3.28. 2017헌마371

청구인들은 주한미군이 이 사건 부지에 고고도미사일방어체계[Terminal High Altitude Area Defense(THAAD), 이하 '사드'라 한다]를 배치함으로써 평화적 생존권을 침해한다고 주장하나, 이 사건 협정의 근거인 '대한민국과 미합중국 간의 상호방위조약'은 외부의 무력공격을 전제한 공동방위를 목적으로 하고, 사드 배치는 북한의 핵실험 및 탄도미사일 시험 발사 또는 도발에 대응한 방어태세로 이해되므로, 이 사건 협정이 국민들로 하여금 침략전쟁에 휩싸이게 함으로써 이들의 평화적 생존을 위협할 가능성이 있다고 볼 수 없다. 또한 청구인들은 주한미군이 이 사건 부지에 사드를 배치하면 건강권 및 환경권이 침해된다고 주장하나, 이 사건 협정으로 청구인들의 건강권 및 환경권이 바로 침해된다고 보기 어렵고, 혹시 이러한 우려가 있더라도 이는 주한미군의 사드 체계 운영 과정에서 잠재적으로 나타날 수 있는 것에 불과하다. 다음으로 청구인들은 성주경찰서 소속 경찰이 이 사건 부지 인근 농작지 접근을 제한하고 중국이 제재조치를 시행함으로 인하여 직업의 자유를 침해받는다고 주장하나, 청구인들의 주장과 같은 내용은 성주경찰서 소속 경찰 또는 중국 정부의 조치로 인한 것이므로 이 사건 협정으로 인한 것이라 할 수 없다. 마지막으로 청구인들은 이 사건 부지 일대가 원불교 성지로서 보호되지 않는다면 이와 관련된 교리 역시 보호되기 어려우므로 신앙의 자유가 침해되고, 군 당국의 사전 허가를 받아야 이 사건 부지에서 종교적 활동을 하거나 종교집회를 개최할 수 있어 종교적 행위의 자유 및 종교집회의 자유가 침해받는다는 취지로 주장한다. 살피건대, 주한미군이 이 사건 부지를 사용한다고 하여 특정 종교의 교리를 침해하거나 청구인들의 신앙 활동에 직접적 영향을 미친다고 할 수 없고, 종교적 행위의 자유 및 종교집회의 자유 침해에 관한 청구인들의 주장은 군 당국의 후속 조치 등으로 발생하는 것이므로 이 사건 협정으로 인한 것이라 할 수 없다. 따라서 이 사건 협정은 성주군·김천시 주민 또는 원불교도 및 그 단체인 청구인들의 법적 지위에 아무런 영향을 미치지 아니하므로, 이 사건 협정에 대한 심판청구는 기본권침해가능성이 인정되지 아니한다.

CASE 02	학교시설에서의 유해중금속 등 유해물질의 예방 및 관리 기준을 규정한 학교보건법 시행규칙 제3조 제1항 제1호의2 [별표 2의2] 제1호, 제2호에 마사토 운동장에 대한 규정을 두지 아니한 것이 청구인의 환경권을 침해하는지 여부(소극)

2024.4.25. 2020헌마107

1. 쟁점

심판대상조항이 마사토 운동장에 대한 유해중금속 예방 및 관리 기준을 규정하지 않은 것이 청구인의 환경권을 침해하는지 문제된다.

2. 환경권 침해 여부

가. 건강하고 쾌적한 환경에서 생활할 권리의 헌법적 보장

헌법 제35조 제1항은 국민의 환경권을 보장하며, 국가는 이를 위해 노력해야 할 의무를 가진다. 환경권은 생명·신체의 자유를 보호하는 토대를 이루며, '삶의 질'을 확보하기 위한 권리이다. 이는 자연환경뿐만 아니라 인공적 환경도 포함하며, 일상생활에서 접하는 토양의 유해중금속 제거·방지 역시 환경권의 일부이다.

나. 건강하고 쾌적한 환경에서 생활할 권리를 보장해야 할 국가의 의무

국가는 헌법 제10조에 따라 개인의 기본적 인권을 보호할 의무를 가진다. 환경침해가 사인에 의해 유발되더라도, 국가가 적극적인 보호조치를 취할 의무가 있다.

다. 심사기준

국가의 기본권 보호의무 실현은 원칙적으로 입법자의 책임에 속하며, 헌법재판소는 제한적으로만 심사할 수 있다. 헌법재판소는 국가가 적절하고 효율적인 최소한의 보호조치를 취했는지 여부를 기준으로 삼아야 한다.

라. 과소보호금지원칙 위반 여부

심판대상조항은 학교시설의 인조잔디 및 탄성포장재에 대한 기준을 규정하면서 마사토 운동장에 대한 기준은 두지 않고 있다. 그러나 학교보건법 시행규칙과 관련 고시, 토양환경보전법령, 각 지방자치단체의 조례 등을 통해 마사토 운동장에 대한 유해중금속 관리가 이루어지고 있다. 인조잔디와 마사토를 동일한 기준으로 규율해야 할 필요성도 낮다. 따라서 심판대상조항이 마사토 운동장에 대한 기준을 규정하지 않은 것이 환경권 침해에 해당하지 않는다.

통치구조

20. 포괄위임금지원칙

CASE 01 구 종합부동산세법 제7조 제1항 등 위헌소원 등
2024. 5. 30. 2022헌바189 · 241 · 326, 2023헌바45(병합)

1. 2020년 귀속 종합부동산세의 납세의무자를 과세기준일 현재 주택분 재산세의 납세의무자로서 국내에 있는 재산세 과세대상인 주택의 공시가격을 합산한 금액이 6억 원을 초과하는 자로 규정한 구 종합부동산세법제7조 제1항 중 '공시가격' 부분이 조세법률주의에 위반되는지 여부(소극)

   종부세법 및 지방세법 등에서 정하고 있는 '공시가격'의 의미, '부동산 가격공시에 관한 법률'에서 정하고 있는 표준주택가격 · 공동주택가격의 조사 · 산정 절차 및 개별주택가격의 결정 절차, 중앙부동산가격공시위원회 및 시 · 군 · 구부동산가격공시위원회의 심의 절차, 토지 및 주택 소유자 등에 대한 의견청취 및 이의신청절차 등에 관한 규정들의 내용을 종합하여 보면, 법률이 직접 공시가격의 산정기준, 절차 등을 정하고 있지 않다고 보기 어렵고, 국토교통부장관 등에 의해 공시가격이 자의적으로 결정되도록 방치하고 있다고 볼 수 없다. 따라서 종부세법 제7조 제1항 중 '공시가격' 부분은 조세법률주의에 위반되지 아니한다.

2. 종부세의 과세표준을 정하면서 '공정시장가액비율'을 대통령령으로 정하도록 규정한 종부세법 제8조 제1항, 제13조 제1항, 제2항 중 각 '공정시장가액비율' 부분이 포괄위임금지원칙에 위반되는지 여부(소극)

   부동산 시장의 특성상 적시의 수급 조절이 어려운 점을 고려할 때, 종합부동산세(종부세)의 부과를 위해 '공정시장가액비율'을 하위법령에 위임하는 것이 필요하다. 종부세법은 이 비율을 부동산 시장 동향과 재정 여건을 반영하여 60%에서 100% 범위 내에서 설정하도록 하여 예측 가능성을 확보하고 있으므로, 관련 규정은 포괄위임금지원칙에 위반되지 않는다. 또한, 주택의 종류와 특성에 따라 '주택 수 계산' 문제는 유연하게 규율할 필요가 있으므로, 이에 관한 사항을 하위법령에 위임하는 것도 인정되며, 이 또한 포괄위임금지원칙에 위반되지 않는다.

3. 주택분 종부세의 세율을 정하고 있는 종부세법 제9조 제1항 각호 중 '조정대상지역' 부분이 과세요건명확주의에 위반되는지 여부(소극)

주택법 및 주거기본법 등에서 정하고 있는 '조정대상지역'의 의미, 주거정책심의위원회의 구성 등에 관한 사항 등을 종합하여 보면, '조정대상지역'은 주택 분양 등이 과열되거나 과열될 우려 등이 있는 경우 주택 시장 안정 및 부동산 가격의 형평성 제고 등을 위해 국토교통부장관이 주거정책 관련 전문가들로 구성된 주거정책심의위원회의 심의를 거쳐 지정하는 지역이라고 해석된다. 따라서 종부세법 제9조 제1항 각호 중 '조정대상지역' 부분은 과세요건명확주의에 위반되지 아니한다.

4. 주택 수 계산 등에 관하여 필요한 사항을 대통령령으로 정하도록 규정한 종부세법 제9조 제4항 중 '주택 수 계산' 부분이 포괄위임금지원칙에 위반되는지 여부(소극)

가. 위임의 필요성

종부세법 제9조 제4항은 주택분 종부세와 관련하여 '주택 수 계산'에 관하여 필요한 사항을 대통령령에 위임하고 있다.

그런데 종부세 산정의 기초가 되는 '주택 수 계산'의 문제는 주택이라는 자산이 가지는 고유의 특성, 경제상황의 변화, 부동산 정책의 방향, 주택 시장의 동향과 그 복잡·가변성 및 관련법령의 개정 등을 고려하여 탄력적·유동적으로 규율할 필요성이 크다.

따라서 주택분 종부세액을 계산할 때 '주택 수 계산'에 관한 사항을 하위법령에 위임할 필요성이 인정된다.

나. 예측가능성

하위법령에 규정될 주택 수 계산의 범위는 주택의 유형, 규모, 주택의 구체적 소유형태나 목적 등을 고려할 때 소유 주택 수에 산입하더라도 일정 가액 이상의 부동산에 대한 고율의 종부세를 부과함으로써 조세형평을 제고한다는 종부세법의 입법취지에 반하지 않는다고 판단되는 경우들이거나, 이와는 반대로 위와 같은 사정들을 고려할 때 소유 주택 수에 산입하는 것이 형평에 반한다고 판단되어 주택 수에서 제외되어야 하는 경우들임을 예측할 수 있다.

따라서 종부세법 제9조 제4항 중 '주택 수 계산' 부분은 포괄위임금지원칙에 위반되지 아니한다.

재판관 이은애, 재판관 정정미, 재판관 정형식의 조정대상지역 중과 부분에 대한 반대의견
종부세법의 조정대상지역 중과 조항은 조정대상지역 내에서 2주택을 소유한 경우에 가중된 세율과 세부담상한을 적용하지만, 2주택 소유자에게 1주택 소유자보다 높은 세율 적용의 당위성이 부족하다. 또한, 부모 부양이나 자녀의 학업 등 부동산 투기 목적이 아닌 이유로 2주택을 소유한 경우에 대한 입법적 배려가 없고, 조정대상지역이라는 추가 기준 없이도 과세표준 및 초과누진세율 체계를 통해 충분히 규제가 가능하다. 이로 인해 조정대상지역 지정 이전부터 2주택을 소유해온 이들이 받는 사익 침해가 과도하므로, 조정대상지역 중과 조항은 과잉금지원칙에 위배되어 헌법에 위반된다.

CASE 02 자유무역협정의 이행으로 농어업인 등이 폐업하는 경우에 지급되는 폐업지원금의 지급기준을 대통령령에 위임하고 있는 '자유무역협정 체결에 따른 농어업인 등의 지원에 관한 특별법' 제9조 제2항 중 '폐업지원금의 지급기준'에 관한 부분이 포괄위임금지원칙에 위배되는지 여부(소극)

헌법 제75조는 대통령에게 법률에서 구체적으로 범위를 정해 위임받은 사항에 대해 대통령령을 발할 수 있는 근거를 제공하며, 이 위임은 법률의 기본 사항이 구체적으로 규정되어 있어야 함을 의미한다. 정부는 자유무역협정 이행에 따라 폐업지원금을 지급할 수 있는 필요성을 인정하며, 이는 농어업인의 경영 안정과 구조조정 촉진을 위해 행정부가 전문적인 기술적 요소를 고려해 정할 수 있는 사항이다. 자유무역협정농어업법은 농어업인의 경쟁력 강화와 피해 최소화를 목표로 하며, 정부는 이에 따른 지원 대책을 수립해야 한다. 폐업지원금은 공익적 성격의 금원으로 한정된 기간 내에 지원되며, 지원을 받은 후 재배를 재개할 경우 환수될 수 있다. 이러한 맥락에서 대통령령에 포함될 내용은 충분히 예측 가능하므로, 심판대상조항은 포괄위임금지원칙에 위배되지 않는다(2024. 2. 28. 2020헌바533).

21. 탄핵심판

CASE 01 탄핵소추안 철회 및 재발의 권한쟁의 사건
*심판절차종료, 각하결정
헌재 2024.3.28. 2023헌라9

사건개요
본회의 산회로 인해 이 사건 탄핵소추안의 표결이 지연되자, 더불어민주당 소속 국회의원이 국회의장에게 탄핵소추안 철회를 요구했고, 국회의장은 이를 수리하였다. 국민의힘 소속 국회의원들은 이 행위가 권한 침해라고 주장하며 권한쟁의심판을 청구했다. 이후 더불어민주당은 검사 손준성에 대한 탄핵소추안을 재발의하였고, 국회의장은 이를 안건으로 상정하여 표결을 실시 후 가결을 선포하였다.

관련법조항

국회법 제90조(의안·동의의 철회) ① 의원은 그가 발의한 의안 또는 동의를 철회할 수 있다. 다만, 2명 이상의 의원이 공동으로 발의한 의안 또는 동의에 대해서는 발의의원 2분의 1 이상이 철회의사를 표시하는 경우에 철회할 수 있다.
② 제1항에도 불구하고 의원이 본회의 또는 위원회에서 의제가 된 의안 또는 동의를 철회할 때에는 본회의 또는 위원회의 동의를 받아야 한다.
제92조(일사부재의) 부결된 안건은 같은 회기 중에 다시 발의하거나 제출할 수 없다.
제130조(탄핵소추의 발의) ① 탄핵소추가 발의되었을 때에는 의장은 발의된 후 처음 개의하는 본회의에 보고하고, 본회의는 의결로 법제사법위원회에 회부하여 조사하게 할 수 있다.
② 본회의가 제1항에 따라 탄핵소추안을 법제사법위원회에 회부하기로 의결하지 아니한 경우에는 본회의에 보고된 때부터 24시간 이후 72시간 이내에 탄핵소추 여부를 무기명투표로 표결한다. 이 기간 내에 표결하지 아니한 탄핵소추안은 폐기된 것으로 본다.

판시사항

1. 권한쟁의심판절차 계속 중 국회의원직을 상실한 일부 청구인들에 대하여 심판절차종료를 선언한 사례
   이 사건 권한쟁의심판절차 계속 중 일부 청구인들이 퇴직(탈당)으로 인해 국회의원직을 상실하였다. 그런데 발의된 의안의 철회 동의 여부에 관한 국회의원의 심의·표결권은 일신전속적인 것으로서, 그에 관련된 이 사건 권한쟁의심판절차는 수계될 수 있는 성질의 것이 아니다. 따라서 위 청구인들의 이 사건 심판청구는 <u>국회의원직 상실과 동시에 당연히 그 심판절차가 종료되었다.</u>

2. 탄핵소추안에 대해서도 의안의 철회에 대한 일반 규정인 국회법 제90조가 적용되는지 여부(적극)
   국회법 제90조는 국회의원이 발의한 의안을 철회할 수 있는 권리를 규정하고 있으며, 의안이 본회의에서 의제가 된 경우에는 본회의의 동의를 받아야 한다. '의제'는 당일 회의에서 논의되는 안건의 제목을 의미하며, 의안이 본회의에 상정되어 의제가 되면 의원은 이를 일방적으로 철회할 수 없다. 따라서 본회의에서 의제가 된 의안의 철회는 재적 의원 과반수의 출석과 출석 의원 과반수의 찬성으로 결정되며, 이는 독립된 의제로서 심의 및 표결권을 가진다.
   국회법 제90조가 해당 조항이 적용되는 의안의 종류나 유형에 관하여 아무런 제한을 두고 있지 아니하고, 달리 탄핵소추안의 철회를 허용하는 것이 탄핵소추의 성질에 반한다고 보이지도 아니하므로, <u>탄핵소추안에 대해서도 의안의 철회에 대한 일반 규정인 국회법 제90조가 적용된다.</u>

3. 탄핵소추안이 본회의에 보고되었으나 국회법 제130조 제2항에 따른 표결을 위해 본회의의 안건으로 상정된 바 없는 경우, 해당 탄핵소추안이 국회법 제90조 제2항의 '본회의에서 의제가 된 의안'에 해당하는지 여부(소극)
   <u>다음으로 탄핵소추안이 어느 시점에 국회법 제90조 제2항의 '본회의에서 의제가 된 의안'이 되는지를 본다.</u> 청구인들은 탄핵소추안에 대한 의결절차의 특수성을 고려할 때, 국회의장이 국회법 제130조

제1항에 따라 본회의에 탄핵소추가 발의되었음을 보고한 시점에 이 사건 탄핵소추안이 본회의에서 의제가 되었다고 보아야 한다고 주장한다. 그러나 국회법 제130조 제1항의 보고는 국회의 구성원인 국회의원들에게 탄핵소추안이 발의되었음을 알리는 것으로, 탄핵소추안을 실제로 회의에서 심의하기 위하여 의사일정에 올리는 상정과 절차적으로 구분된다. 또한 탄핵소추안의 본회의 보고는 탄핵소추안에 대한 심의기간의 기산점이 되는 것 외에는 국회법상의 다른 의안에 대한 보고와 차이도 없다. 다른 안건과 달리 탄핵소추안의 경우에는 통상적으로 토론 없이 무기명투표가 이루어지기는 하나, 이는 탄핵소추안에 대한 특수한 의결절차를 정하면서 그 심의기간을 제한하고 있는 국회법 제130조로 인한 절차상의 차이에 불과하다. 본회의 보고 이후 국회의원 개개인이 탄핵소추의 당부에 대한 숙고를 개시하였다고 하더라도 이것만으로 탄핵소추안에 대한 본회의 논의가 개시되었다고 해석할 수도 없고, 달리 탄핵소추안의 경우에만 특별히 본회의 보고만으로 본회의 의제로 성립된다고 볼 근거도 없다.

따라서 탄핵소추안도 일반 의안과 마찬가지로, 국회의장이 국회법 제130조 제1항에 따라 탄핵소추가 발의되었음을 본회의에 보고하고, 국회법 제130조 제2항에 따른 표결을 위해 이를 본회의의 안건으로 상정한 이후에 비로소 본회의에서 의제가 된 의안이 된다고 할 것인바, 탄핵소추안이 본회의에 보고되었다고 할지라도, 본회의에 상정되어 실제 논의의 대상이 되기 전에는 이를 발의한 국회의원은 본회의의 동의 없이 탄핵소추안을 철회할 수 있다.

4. 피청구인 국회의장이 2023. 11. 10. 방송통신위원회 위원장 및 검사 2명에 대한 탄핵소추안의 철회요구를 수리한 행위가 국회의원인 청구인들의 이 사건 탄핵소추안 철회 동의 여부에 대한 심의·표결권을 침해할 가능성이 있는지 여부(소극)

피청구인은 이 사건 탄핵소추안이 발의되었음을 본회의에 보고하였을 뿐 이 사건 탄핵소추안을 의사일정에 기재하고 본회의의 안건으로 상정한 바가 없으므로, 이 사건 탄핵소추안은 국회법 제90조 제2항의 '본회의에서 의제가 된 의안'에 해당하지 아니한다. 이처럼 이 사건 탄핵소추안이 본회의에서 의제가 된 의안에 해당하지 아니하여 이를 발의한 국회의원이 본회의의 동의 없이 이를 철회할 수 있는 이상, 청구인들에게는 이 사건 탄핵소추안 철회 동의 여부에 대해 심의·표결할 권한 자체가 발생하지 아니하고, 그 권한의 발생을 전제로 하는 권한의 침해 가능성도 없다. 따라서 이 사건 수리행위를 다투는 청구는 부적법하다.

5. 피청구인 국회의장이 2023. 12. 1. 이 사건 탄핵소추안과 동일한 내용으로 다시 발의된 위 검사 2명에 대한 탄핵소추안(이하 '재발의 탄핵소추안'이라 한다)을 국회 본회의에서 안건으로 상정하여 표결을 실시한 후, 이에 대하여 가결을 선포한 행위가 국회의원인 청구인들의 심의·표결권을 침해할 가능성이 있는지 여부(소극)

청구인들이 이 사건 수리행위로 인한 권한침해를 다툴 수 없게 된 이상, 이 사건 탄핵소추안 철회의 효력은 여전히 유효하다. 그리고 국회법 제92조의 '부결된 안건'에 적법하게 철회된 안건은 포함되지 아니하므로, 이 사건 탄핵소추안과 동일한 내용으로 발의된 재발의 탄핵소추안은 적법하게 발의된 의안으로 일사부재의 원칙에 위배되지 아니한다. 그렇다면 이 사건 가결선포행위로 인하여 청구인들의 심의·표결권 침해가 발생할 가능성은 인정되지 아니하므로, 이 사건 가결선포행위를 다투는 청구 역시 부적법하다.

CASE 02	검사(안동완) 탄핵

2024.5.30. 2023헌나2

1. **피청구인이 2014. 5. 9. 유○○에 대하여 외국환거래법위반 혐의로 공소를 제기한 행위가 헌법 또는 법률을 위반한 것인지 여부 및 (법위반이 인정된다면) 피청구인에 대한 파면 결정을 정당화하는 사유가 인정되는지 여부(소극)**

   재판관 이영진, 재판관 김형두, 재판관 정형식의 기각의견

   피청구인은 유○○의 외국환거래법위반 혐의에 관한 재수사가 필요하다고 판단하여 수사를 개시하였고, 유○○이 외당숙과 공모하여 적극적으로 '환치기' 범행에 가담한 점, 사실은 중국 국적의 화교임에도 이를 숨기고 북한이탈주민으로 인정받은 후 각종 범행을 저지른 점 등 종전 기소유예처분을 번복하고 유○○을 기소할 만한 사정이 밝혀져 이 사건 공소제기를 하였으므로, 이 사건 공소제기가 형법 제123조, 구 검찰청법 제4조 제2항, 국가공무원법 제56조를 위반한 것으로 볼 수 없다.

   재판관 이종석, 재판관 이은애의 기각의견

   종전 기소유예처분과 비교할 때 외국환거래법위반 범행의 총 거래액수가 오히려 줄어들었고, 주요 범행 가담 내용은 동일한 점 등을 고려하면, 피청구인의 수사 결과 종전 기소유예처분을 번복하고 유○○을 기소할 만한 사정이 밝혀졌다고 보기 어려우므로, 이 사건 공소제기는 구 검찰청법 제4조 제2항 및 국가공무원법 제56조를 위반한 것이다. 다만, 이 사건 공소제기의 위법·부당의 정도가 직무 본래의 수행이라고 평가할 수 없을 정도에 이르러 형법 제123조가 규정한 직권남용에 해당한다고 보기는 어렵고, 피청구인에게 직권남용의 고의도 인정할 수 없으므로, 이 사건 공소제기가 형법 제123조를 위반한 것이라고 볼 수 없다.

   피청구인이 법질서에 역행하고자 하는 적극적인 의도로 법률을 위반하였다고 보기 어렵고, 실체적 진실에 반하는 국가형벌권의 행사를 도모한 것도 아닌 점, 이 사건 공소제기가 공소권남용에 해당한다고 판단한 법원의 판결 등이 존재하는 이상 검사의 공소권남용이 반복될 가능성이 높다고 보기 어려운 점, 이 사건 공소제기 이후 피청구인은 9년이 넘는 기간 동안 공직을 수행해 왔으므로 **이 사건 공소제기가 헌법질서에 미친 부정적인 영향은 상당 부분 희석된 점** 등을 고려하면, 피청구인에 대한 파면 결정을 정당화하는 사유가 인정된다고 보기 어렵다.

2. **이 사건 공소제기가 공소권남용에 해당한다는 이유로 공소를 기각한 항소심판결에 대하여 상고한 행위와 관련하여 피청구인의 헌법 또는 법률 위반을 인정할 수 있는지 여부(소극)**

   피청구인이 이 사건 상고에 관여하였음을 인정할 아무런 증거가 없으므로, 이 사건 상고와 관련하여 피청구인의 헌법 또는 법률 위반을 인정할 수 없다.

> **재판관 김기영, 재판관 문형배, 재판관 이미선, 재판관 정정미의 판시사항 1.부분에 관한 반대의견**
> 피청구인은 유○○의 외국환거래법위반 혐의를 재수사할 이유가 없는 상황에서 충분한 검토 없이 본격적인 수사에 착수하였고, 수사 결과 종전 기소유예처분을 번복하고 유○○을 기소할 만한 사정이 밝혀지지 않았음에도 이 사건 공소제기를 하였는데, 이는 검찰이 제출한 증거가 위조된 것으로 밝혀져 국가보안법위반(간첩) 등 혐의에 관하여 무죄가 선고된 유○○에게 실질적인 불이익을 가할 의도에서 비롯된 것이다. 따라서 이 사건 공소제기는 구 검찰청법 제4조 제2항, 국가공무원법 제56조 및 형법 제123조를 위반한 것이다. 이 사건 공소제기는 공익의 대표자이자 인권옹호기관인 검사가 오히려 그 권한을 남용하여 소추의 공정성을 해하고 피의자의 정당한 이익을 침해한 것이므로, 그 법위반의 정도가 매우 중대하다. 피청구인을 파면함으로써 얻는 헌법수호의 이익이 파면에 따르는 국가적 손실을 압도할 정도로 크므로, 피청구인에 대한 파면 결정을 정당화하는 사유가 인정된다.

22. 위헌법률심판

1. **기판력이 발생한 사건**
   사건개요 : 甲 주식회사는 乙 토지구획정리사업조합으로부터 공사대금으로 이 사건 토지를 양도받았으나, 법원은 이 토지를 보류지인 학교용지로 판단하여 경상북도가 원시취득한다고 판결하고, 조성원가로 1,728,983,626원을 지급할 의무가 있다고 결정했다. 甲 주식회사는 학교용지 확보 등에 관한 특례법에 따라 감정평가에 의한 가액이 정해져야 한다고 주장하며 경상북도를 상대로 감정평가액(5,473,104,000원)과 조성원가 차액에 대한 부당이득반환 소송을 제기했다. 또한, 청구인은 구 토지구획정리사업법과 관련된 위헌법률심판제청신청이 기각된 후 2021년 7월 22일 헌법소원심판을 청구했다.
   판단 : **전소판결의 기판력으로 인하여 후소인 당해사건의 법원이 그와 모순·저촉되는 판단을 할 수 없게 된 경우**, 헌법재판소의 심판대상이 된 법률조항의 위헌 여부에 따라 당해사건의 주문이 달라지거나 재판의 내용과 효력에 관한 법률적 의미가 달라지는 경우에 해당하지 않게 되었으므로, 헌법재판소법 제68조 제2항의 헌법소원심판청구는 재판의 전제성이 없어 부적법하다(2024. 1. 25. 2021헌바203).

2. 선거운동기간 전에 공직선거법에 규정된 방법을 제외하고 선거운동을 한 자를 처벌하는 공직선거법 제254조 제2항이 공직선거법 제59조 단서 제4호의 개정으로 해당 공소사실에 더는 적용되지 않을 뿐만 아니라, 해당 공소사실에 면소 사유가 있다고 판단한 당해 사건 판결이 확정되어 재심개시의 결정이 이루어질 여지도 없으므로, 이 조항에 대한 재판의 전제성이 부인된 사례
   참조조문 개정 공직선거법 제59조(선거운동기간) 선거운동은 선거기간개시일부터 선거일 전일까지에 한하여 할 수 있다. 다만, 다음 각 호의 어느 하나에 해당하는 경우에는 그러하지 아니하다.

3. 선거일이 아닌 때에 전화(송·수화자 간 직접 통화하는 방식에 한정하며, 컴퓨터를 이용한 자동 송신장치를 설치한 전화는 제외한다)를 이용하거나 말(확성장치를 사용하거나 옥외집회에서 다중을 대상으로 하는 경우를 제외한다)로 선거운동을 하는 경우

제1심 법원이 기간위반 처벌조항을 적용하여 선거운동기간 위반의 점에 대하여 유죄를 인정한 후 개정된 공직선거법 제59조 단서 제4호에 의하여 '옥내에서 다중을 대상으로 확성장치를 사용하지 아니하고 말로 선거운동을 한 경우'는 선거운동기간의 제한을 받지 않게 되었는바, 당해 사건 법원은 해당 공소사실에 대하여 범죄 후 법률 변경에 의하여 그 행위가 범죄를 구성하지 않는 경우(형사소송법 제326조 제4호)에 해당하는 면소 사유가 있다고 판단하였다. 그렇다면 기간위반 처벌조항은 해당 공소사실에 더는 적용되지 않을 뿐만 아니라, 해당 공소사실에 면소 사유가 있다고 판단한 당해 사건 판결이 확정되어 재심개시의 결정이 이루어질 여지도 없으므로, 기간위반 처벌조항에 대한 심판청구 부분은 어느 모로 보나 재판의 전제성이 인정되지 않는다(2024. 1. 25. 2021헌바233).

4. 소취하사건

헌법 제107조 제1항과 헌법재판소법 제41조 제1항에 의하면 법률에 대한 위헌심판제청이 적법하기 위해서는 문제가 된 법률의 위헌 여부가 재판의 전제가 되어야 한다. 여기에서 재판의 전제성이라 함은 원칙적으로 구체적인 사건이 법원에 계속 중이어야 하고, 위헌 여부가 문제되는 법률이 당해 소송사건의 재판에 적용되는 것이어야 하며, 그 법률이 헌법에 위반되는지의 여부에 따라 당해사건을 담당하는 법원이 다른 내용의 재판을 하게 되는 경우를 말한다. 그리고 재판의 전제성은 법률의 위헌여부심판제청 시만 아니라 심판 시에도 갖추어져야 함이 원칙이다. 2020헌가4 사건에서의 당해사건 원고가 2024. 1. 23. 당해사건인 서울중앙지방법원 2019가합559939 사건의 소를 취하하여 소송이 종료되었으므로, 심판대상조항은 구체적 사건이 법원에 계속 중이 아니어서 당해사건에 적용될 여지가 없게 되었다. 따라서 2020헌가4 사건의 위헌법률심판제청은 재판의 전제성 요건을 갖추지 못하여 부적법하다(2024. 4. 25. 2020헌가4).

5. 헌법재판소법 제41조 제1항에 의한 위헌법률심판절차에서 보조참가신청의 적법 여부(소극)

규범통제절차인 헌법재판소법 제41조 제1항에 의한 위헌법률심판절차에 있어서는 대립 당사자 개념을 상정할 수 없을 뿐만 아니라, 보조참가인에게 이른바 참가적 효력을 미치게 할 필요성이 존재한다고 볼 수도 없기 때문에, 보조참가를 규정하고 있는 민사소송법 제71조는 위헌법률심판의 성질상 준용하기 어렵다. 그렇다면 제청신청인들의 보조참가신청은 위헌법률심판의 성질에 반하여 준용되지 아니하는 민사소송법 제71조에 근거한 것으로서 허용되지 아니하여 부적법하다(2024. 1. 25. 2021헌가14).

6. 헌법재판소법 제68조 제2항에 의한 헌법소원에서 청구인들이 주장하는 입법부작위가 진정입법부작위에 해당한다는 이유로 해당 부분 심판청구를 각하한 사례

성질상 '형사보상 및 명예회복에 관한 법률'이 적용되지 않는 강제퇴거명령을 받고 보호처분에 의하여 신체의 자유가 침해된 자에 대하여 위 법과 동일한 정도의 보상을 내용으로 하는 새로운 입법을 하여

달라는 심판청구는 진정입법부작위를 다투는 것에 해당하고, 헌법재판소법 제68조 제2항에 의한 헌법소원에서 진정입법부작위를 다투는 것은 그 자체로 허용되지 않으므로, 청구인들의 이 부분 심판청구는 모두 부적법하다(2024. 1. 25. 2020헌바475).

23. 헌법소원

1. **외국인만으로 구성된 가구 중 영주권자 및 결혼이민자만을 긴급재난지원금 지급대상에 포함시키고 난민인정자를 제외한 관계부처합동 '긴급재난지원금 가구구성 및 이의신청 처리기준의 공권력 행사성**
이 사건 처리기준은 행정규칙으로, 일반적으로 행정조직 내부에서만 효력을 갖지만, 법령에 의한 권한 부여나 반복적인 시행을 통해 행정관행이 형성된 경우, 평등의 원칙이나 신뢰보호의 원칙에 따라 대외적인 구속력을 가질 수 있다. 이 사건 처리기준은 외국인에 대한 긴급재난지원금 지급기준을 제시하고 있으며, 각 지방자치단체는 이를 따라야 하므로, 대외적으로 구속력 있는 '공권력의 행사'로 간주된다. 따라서 헌법소원의 대상이 될 수 있다(2024. 3. 28. 2020헌마1079).

2. **외국인만으로 구성된 가구 중 영주권자 및 결혼이민자만을 긴급재난지원금 지급대상에 포함시키고 난민인정자를 제외한 관계부처합동 '긴급재난지원금 가구구성 및 이의신청 처리기준의 권리보호이익**
긴급재난지원금 지급은 종료되었으므로, 이 사건 처리기준의 위헌 여부에 관계없이 청구인에 대한 권리구제가 불가능하여 주관적 권리보호이익은 이미 소멸하였다고 볼 여지가 있다.
그러나 향후 코로나바이러스감염증-19의 재확산 및 다른 재난에 직면하여 긴급재난지원금과 같은 종류의 지원금이 지급될 가능성이 있고, 이 경우 이 사건 처리기준과 동일하거나 유사한 기준이 적용되어 외국인만으로 구성된 가구에 속한 외국인 중 청구인과 같은 난민인정자가 그 지원금의 지급대상에서 제외되는 일이 반복될 가능성이 있다.
이 사안은 평등권의 침해 여부와 관련하여 헌법적 해명의 필요성이 있다고 볼 수 있고, 이에 대하여 헌법재판소가 지금까지 헌법적 해명을 한 사실도 없으므로, 심판청구의 이익을 인정할 수 있다(2024. 3. 28. 2020헌마1079).

3. 후보자등록마감시점을 기준으로 각 선거구에 유일한 후보자로 등록하여 투표를 실시하지 아니하고 당선인으로 결정된 청구인들이 '후보자등록마감후 후보자가 사퇴·사망하거나 등록이 무효로 된 경우 해당 선거구의 후보자가 그 선거구에서 선거할 정수범위를 넘지 아니하게 되어 투표를 하지 않게 된 때'에 선거운동을 중지하도록 한 공직선거법 제275조에 대하여 한 심판청구의 자기관련성이 인정되는지 여부(소극)

    심판대상조항은 그 적용의 시적 범위를 후보자등록마감시점이 지난 시기로 명확히 규율하고 있다. 그렇다면 문언상 심판대상조항은 '후보자등록마감시각에 이미 후보자가 선거구에서 선거할 정수범위를 넘지 않아 투표를 하지 아니하게 된 때'에는 적용되지 않는다고 봄이 상당하다. 그런데 청구인들은 후보자등록마감시점을 기준으로 각 선거구에 유일한 후보자로 등록하여 투표를 실시하지 아니하고 당선인으로 결정된 사람들로서, 심판대상조항의 적용을 받는다고 할 수 없다. 그렇다면 청구인들이 심판대상조항에 대하여 한 심판청구의 자기관련성이 인정되지 아니한다(2024. 3. 28. 2022헌마885).

4. 학교의 장에 대하여 체육장 등 학교시설에 설치하는 인조잔디 및 탄성포장재는 한국산업표준인증을 받은 제품을 사용하도록 하고, 설치한 인조잔디 및 탄성포장재의 유해물질 발생 여부 등을 주기적으로 점검하여 필요한 조치를 하도록 한 학교보건법 시행규칙 제3조 제1항 제1호의2 [별표2의2] 제1호, 제2호에 대하여 인조잔디 또는 탄성포장재 설치업체인 청구인들에게 기본권침해의 자기관련성이 인정되지 않는다고 한 사례

    심판대상조항은 학교의 장을 수범자로 하여, 학생과 교직원의 건강을 보호·증진함을 목적으로 한다. 인조잔디 또는 탄성포장재 설치업체는 심판대상조항의 수범자가 아니어서 직접적으로 그 권리·의무에 영향이 없고, 다만 영업 내용이나 기회와 관련하여 사실상의 불리한 경제적 영향을 받을 수 있을 뿐이다. 따라서 청구인들은 심판대상조항에 대하여 기본권침해의 자기관련성이 인정되지 않는다(2024. 4. 25. 2020헌마108).

5. 고등학교의 구분에서 자율고등학교를 삭제하여 자율형 사립고등학교를 일반고등학교로 전환하도록 한 구 초·중등교육법 시행령 제76조의3, 교육감이 특수목적고등학교로 지정·고시할 수 있는 대상에서 '외국어에 능숙한 인재 양성을 위한 외국어계열의 고등학교'를 삭제하여 외고를 일반고로 전환하도록 한 구 초·중등교육법 시행령 제90조 제1항 본문이 각각 심판청구 후 개정되어 자사고 및 외고가 여전히 자율고 및 특목고의 지위를 유지할 수 있게 된 경우, 위 조항들에 대한 헌법소원심판청구가 권리보호이익 내지 심판의 이익이 인정되는지 여부(소극)

    이 사건 심판청구 이후 개정된 초·중등교육법 시행령에 따라 자사고와 외고는 자율고 및 특목고로의 지위를 유지하게 되었고, 일반고로 전환될 상황은 종료되었다. 이에 따라 심판대상조항의 위헌 여부를 가릴 권리보호이익이 소멸했으며, 자사고와 외고의 일반고 전환에 대한 논란이 있었지만, 현재로서는 그러한 침해행위가 재현될 위험이 적다고 판단된다. 또한 심판대상조항이 시행되기 전에 이미 개정되어 전환이 일어나는 상황이 없었고, 현재 상황에서 헌법적 해명의 필요성도 인정되지 않는다. 따라서 이 사건 심판청

구는 권리보호이익이 소멸하였을 뿐만 아니라 예외적인 심판의 이익도 인정되지 아니하므로 모두 부적법하다(2024. 3. 28. 2020헌마767].

6. **코로나19 검사 권고 통지를 하기 위하여 기지국 접속자 조회를 통해 이태원 클럽 주변을 방문한 자의 개인정보를 수집한 질병관리청장의 행위를 다투는 청구의 권리보호이익을 인정할 수 있는지 여부(소극)**
이 사건 심판청구 당시 정보수집이 이미 종료되고 해당 정보가 모두 파기되었으므로 원칙적으로 권리보호이익이 없으며, 심판대상조항에 대한 판단이 이루어지는 이상 정보수집에 대한 별도의 심판청구 이익은 인정되지 않는다. 특정 조건을 부과하여 위치정보를 수집하는 것이 허용되는지에 대한 의문은 피청구인의 권한의 범위와 한계를 정하는 문제로, 개별 사안에 따른 법률해석 및 적용에 해당하므로 헌법적 해명이 긴요하지 않다. 따라서 이 사건 정보수집에 관한 청구의 심판이익이 인정되지 않는다[2024. 4. 25. 2020헌마1028].

7. **정치자금 부정수수죄를 범한 자 또는 국회의원으로서 그 재임 중의 직무와 관련하여 뇌물수수죄를 범한 자로서 징역형의 선고를 받고 그 형의 집행이 종료된 후 10년을 경과하지 아니한 자는 선거권이 없다고 규정한 공직선거법 제18조 제1항 제3호에 대한 심판청구가 청구기간을 준수하였는지 여부(소극)**
심판대상조항이 정한 범죄를 범하여 징역형의 판결이 확정된 사람은 그 판결이 확정된 때부터 그 형의 집행이 종료된 후 10년이 경과할 때까지 선거권이 인정되지 않는데, 심판대상조항에 의한 기본권의 침해는 청구인에게 이에 해당하는 구체적인 사유가 발생하였을 때 이루어지는 것이고, 이 사건에서 구체적인 사유발생일은 청구인에 대한 징역형의 판결이 확정된 후 첫 선거일이다. 청구인에 대한 징역형의 판결이 확정된 2017. 3. 22. 이후로서 첫 선거인 제19대 대통령선거가 실시된 2017. 5. 9.에는 청구인에게 심판대상조항에 의한 기본권침해의 사유가 발생하였다고 할 것이고, 이로부터 1년이 경과하였음이 역수상 명백한 2020. 4. 28.에야 제기된 이 사건 심판청구는 청구기간을 경과하였다(2024. 3. 28. 2020헌마640).

8. **선거여론조사 결과 공표를 제한하는 공직선거법 제108조 제1항에 대한 심판청구에서, 청구인이 선거권자로서 해당 조항을 적용받은 최초의 선거일을 기준으로 청구기간 준수 여부를 판단한 사례**
선거일 전 6일부터 선거일의 투표마감시각까지 여론조사 결과의 공표를 금지한 공직선거법 제108조 제1항은 2005. 8. 4. 개정 및 시행된 후 실질적인 내용이 변화되지 않은 채 심판대상조항에 이르고 있다. 청구인은 1978년생으로서 2006. 5. 31. 실시된 지방선거 당시 선거권자였으므로, 적어도 위 선거 무렵에는 위와 같이 여론조사 결과의 공표가 금지된 사실을 알았거나, 그렇지 않더라도 위 시점부터 기본권 침해 사유가 발생하였다고 볼 수 있다. 따라서 그로부터 90일 또는 1년이 도과하였음이 명백한 시점에 제기된 이 사건 심판청구는 청구기간을 도과하여 부적법하다[2024. 4. 25. 2020헌마371].

9. 헌법소원 청구 취하(2024. 6. 27. 2024헌마352)

가. 헌법소원심판절차에 피청구인의 답변서가 제출되지 않은 경우 소 취하에 관한 민사소송법 규정이 적용되는지 여부(적극)

헌법재판소법 제40조 제1항 전단에 따라 소의 취하에 관한 민사소송법 제266조는 헌법소원심판절차에 준용된다. 헌법소원심판절차에서 피청구인의 본안에 관한 답변서가 제출되지 않았으므로, 민사소송법 제266조에 따라 청구인은 상대방 당사자의 동의 내지 동의간주 없이 청구를 취하할 수 있다

나. 헌법소원심판청구의 취하를 철회할 수 있는지 여부(소극)

헌법소원심판청구의 취하는 청구인이 제기한 심판청구를 철회하여 심판절차의 계속을 소멸시키는 청구인의 헌법재판소에 대한 소송행위이고, 소송행위의 특질상 소송절차의 명확성과 안정성을 기하기 위한 표시주의가 관철되어야 하는 것이므로 민법상의 법률행위에 관한 규정이 원칙적으로 적용되지 아니하고, 일단 청구취하의 효력이 발생한 뒤에는 원칙적으로 그 철회가 허용되지 아니한다.

다. 변호사인 대리인의 추인 없이 단독으로 헌법소원심판청구를 취하할 수 있는지(적극)

헌법소원심판은 개인의 주관적인 권리구제제도로서의 성격을 가지고 있고, 헌법소원심판절차에서 변호사강제주의의 취지는 당사자를 보호해 주며 사법적 정의의 실현에 기여하려는 데 있는 것이지 청구인의 헌법재판청구권을 제한하려는 데 그 목적이 있는 것이 아니다. 청구인 의사에 따른 심판청구 취하·포기를 변호사인 대리인의 추인 없이 인정하더라도 특별한 사정이 없는 한 이를 변호사강제주의의 본질이나 취지에 반한다고 할 수 없다.

24. 권한쟁의 심판

【판시사항】

법률에 의하여 설치된 국가기관인 문화재청장에게 권한쟁의심판의 당사자능력이 인정되는지 여부(소극)
헌법 제111조 제1항 제4호에 따른 권한쟁의심판의 당사자가 되기 위해서는 해당 국가기관이 헌법에 의해 설치되고 독자적인 권한을 부여받아야 하며, 권한의 존부를 둘러싼 분쟁을 해결할 적절한 방법이 존재해야 한다. 문화재청 및 문화재청장은 정부조직법에 따라 설치된 기관으로, 법률에 그 설치 근거를 두고 있어 국회의 입법행위에 의해 그 존폐와 권한 범위가 결정된다. 따라서 문화재청장은 헌법에 의하여 설치된 국가기관이 아니므로 권한쟁의심판의 당사자능력이 인정되지 않는다.[2023. 12. 21. 2023헌라1].

지은이 황남기

[약 력]
제27회 외무고시 수석합격
2012년 공무원 공채시험 출제위원
동국대 법대 겸임교수
사법시험 연세대, 성균관대, 한양대, 이화여대, 중앙대, 전남대, 전북대 특강
사법시험 바이블이었던 황남기 헌법 저자

[저 서]
표준판례 및 최신판례정리 -헌법편- (학연, 2024)
변호사시험 기출과 모의고사 사례형 헌법 시험장 실전답안 (학연, 2024)
헌법논점 Capsule (학연, 2024)
변호사시험 기출 사례형 행정법 시험장 실전답안(학연, 2024)

2024년 상반기 헌법재판소 판례 + 3년 판례 요약

발 행 일 : 2024년 08월 12일
저　　자 : 황 남 기
발 행 인 : 이 인 규
발 행 처 : 도서출판 (주)학연
주　　소 : 충청북도 진천군 백곡면 명암길 341
출판등록 : 2012.02.06. 제445-2510020120000013호
www.baracademy.co.kr / e-mail:baracademy@naver.com / Fax : 02-6008-1800

저자와 협의하여 인지를 생략함

정가 : 15,000원　　　　　　　ISBN : 979-11-5824-702-7(93360)

* 파본은 구입하신 서점에서 바꿔드립니다
* 본 서는 저작권법에 의하여 보호를 받는 저작물이므로 무단 전재와 복제를 금합니다.